Sagen und Geschichten aus der Lüneburger Heide

Heike Bloom wurde 1958 in Köln geboren. Sie wohnt seit 44 Jahren im Celler Land und arbeitete davon 22 Jahre im Celler Schloss. Freiberuflich ist sie Gästeführerin und Autorin im Bereich Regionalgeschichte.

Karin Sohnemann wurde 1960 in Hannover geboren. Ihrem Wohnort Celle und der Lüneburger Heide fühlt sie sich weit mehr verbunden. Sie arbeitet als Gästeführerin und freie Autorin. Einige Texte zur Regionalgeschichte hat sie bereits veröffentlicht.

Sagen und Geschichten aus der Lüneburger Heide

erzählt von
Heike Bloom und Karin Sohnemann

Edition Falkenberg

Titelzeichnung: Peter Fischer, Winkeldorf

1. Auflage 2021

ISBN 978-3-95494-254-1
www.edition-falkenberg.de

Inhalt

Raum Soltau

Südheide

Ostheide

Geleitwort

Sagen und Mythen entstehen dort, wo Geschichten erzählt werden, das war auf den alten, einsamen Heidehöfen auf der grooten Deel abends der Fall.

Nach langer, mühevoller Tagesarbeit waren Familie, Knechte und Mägde am Feuer versammelt. Es gab Löffel zu schnitzen, Wolle zu kämmen und Garn zu spinnen. Bei Kienspan-Licht war das Geschichten erzählen das Salz in der Suppe. Diese Geschichten hielten die Familie im Innersten zusammen. Sie wurden zum kollektiven Gesamtwissen der Familien und somit zum Leitfaden der Generationen.

Gerade die Schäfer waren durch Ihren Arbeitsalltag mit den Schnucken immer für besondere Geschichten gut. Die Gesichter in den knorrigen Eichen, die bei Nebel verwunschenen Gestalten der gespenstischen Wacholder oder die bei Dämmerlicht unheimlich wirkenden Moore waren der Grundstein für viele Sagen, Mythen und Märchen bei uns in der Heide. Es ist wichtig, dass diese Geschichten erzählt werden und durch dieses Buch weiterleben.

Carl W. Kuhlmann
Heidschnuckenhof Niederohe
Dipl. Ing. Agrar und Schäfer in der Südheide

Geleitwort

Sagen, Mythen, Spökenkram, Spirituelles und einfach schöne Geschichten sind in dem vorliegenden Buch zu finden. Wirklich für jeden ist etwas dabei, auf einer Reise durch die einzelnen Jahrhunderte in unserer Region »Lüneburger Heide«.

In Kurzgeschichten wird über Sitten, Gebräuche, besonderen Orten oder Menschen in spiritueller Weise berichtet. Von Winsen (Luhe) im Norden, bist Gifhorn im Süden und von Dannenberg im Osten bis Schneverdingen (Schülern) im Westen werden besondere Ereignisse aus und über Orte in der Lüneburger Heide erzählt. Es kommen gute Geister, Hexen und auch der Teufel selbst in den Fokus. Es ist zum Teil schaurig, amüsant aber immer schön in dem Buch zu lesen.

Allemal ist es sinnvoll und wichtig, diese Geschichten aus und um die Lüneburger Heide herum wach zu halten, für ein breites Publikum in allen Altersklassen. Ein kurzweiliges Buch mit Kurzgeschichten, wie man sie heute auch wieder für Besonderheiten in der Heide neu entdeckt hat. Geschichten, die die Fantasie der Leser beflügelt. Ich wünsche Ihnen viel Freude mit dem Buch.

Ihr Mathias Zimmermann
Geschäftsführer des Vereins Naturschutzpark e.V. (VNP)
und der VNP Naturpark GmbH

Einleitung

Die Heidebewohner waren ein besonderer Menschenschlag. Fleiß und ernste Frömmigkeit waren gepaart mit Hintersinn und Humor. Einander necken und triezen, mit derben Worten Dinge auf den Punkt bringen, das machte den Heidjer aus.

Letzte Fragmente der traditionellen Kultur hielten sich in der Hohen Heidmark. Dort waren viele Höfe seit mehr als 600 Jahren im Besitz ein und derselben Familien. Ausgerechnet hier legten die Nationalsozialisten einen Truppenübungsplatz an. Mehr als fünfundzwanzig Dörfer wurden dadurch ausgelöscht.

Ja, sie waren fromm, doch ihr Aberglaube und ihre überlieferten Erzählungen haben ihre Wurzeln oft noch in der Zeit vor der Christianisierung. Die volkstümlichen Überlieferungen aus der Heide werden in dieser Sammlung neu erzählt. Die ursprüngliche Lebenswelt der Dorfbewohner, ihr Verhalten zueinander und ihr Umgang mit Adel und Geistlichkeit sollen vor dem Leser erstehen.

Schnitzte man Holzpantinen, geschah das in geselliger Runde. In den Spinnstuben wurde viel geschnackt, es war Vergnügen und Pflichterfüllung zugleich. Die Hände hielten niemals still, so hat sich eine ganz eigene Erzählkultur entwickelt. Die Stimme des Vortragenden nahm dabei den Arbeitsrhythmus auf.

Wo gesponnen wurde, wurde zugleich fantasiert, fabuliert und spintisiert. Sagen enthalten immer ein Körnchen Wahrheit. Sie sollen Lebensweisheit vermitteln. Die Zuhörenden sehen den Unterschied zwischen Gut und Böse und ihnen dämmert: Was damals war, kann gut heute geschehen oder in dreihundert Jahren. Unsere Seele wird erhellt, denn sie ist weiser als der Geist. Mit ihren Sagen schufen die Heidjer neben ihrer Hände Arbeit Nahrung für Herz und Hirn.

Ein Dankeschön allen Menschen, die unser Projekt mit ihren Erinnerungen, Texten und Büchern bereichert haben.

»Helo heloe!
… Kommst du auf uns're Haide,
Wo ich meine Schäflein weide,
Komm, o komm in unser Bruch,
Da gibt's der Blümelein genug, –
Helo – heloe«

Auszug aus »Das Hirtenfeuer«
von Annette von Droste-Hülshoff

Nordheide

Gesche Putjemull und die Herdwolle

In Undeloh trug es sich zu, dass eine Bauersfrau Warzen an den Fingern hatte. Die waren hässlich und schmerzhaft. Überdies war Gesche Putjemull nicht beliebt im Dorf. Sie galt als selbstsüchtig und ihre Hilfsbereitschaft hielt sich in Grenzen.

Es gab im Nachbarort eine weise Frau. Gürtelrose, Grind, Milchschorf und Krätze hatte sie durch Besprechen schon geheilt. Die Bauersfrau hielt ihr ihre Finger entgegen.

»Gesche, du musst Wolle kochen. Eine ganze Stunde lang. Ab Mitternacht darf dein Herdfeuer nicht ausgehen und du musst rühren, rühren, rühren. Egal, was geschieht, ob du Hunger hast oder Durst, bewege dich nicht eine Sekunde von deinem Wollpott fort und unterbrich das Rühren auf keinen Fall, sonst sind aller Zauber und alle Heilkraft dahin!«

Die Bauersfrau tat wie ihr geheißen. Kaum eine Viertelstunde lang hatte sie den Kochlöffel um und um gerührt, da klopfte es an ihre Tür: »Gesche, komm, komm! Help mick, so help mick doch! Bitte!«

Die Stimme klang so drängend, dass es Gesche schauderte. Doch sie musste ja rühren, rühren, rühren. Sie blickte über die Schulter und rief: »Kann grad nicht, geh fort!«

Aber das verzweifelte Bitten und Betteln vor der Türe nahm kein Ende. »Mudder Putjemull, help mick, ach so help mick doch!«

Fäuste schlugen an das Türblatt, es wurde an der Klinke gerüttelt.

»So, nun ist Ruhe!«, flüsterte Gesche und blies die Kerze neben sich aus.

Eine Frechheit war das, so vor der Tür von fremden Leuten herumramenten und das nach Mitternacht! In der jetzt dunklen Stube rührte sie unermüdlich weiter.

Die Frauenstimme draußen wurde schwächer, bald war nur noch ein Wimmern zu vernehmen. Endlich hörte Gesche, wie sich schlurfende Holzschuhe über den Hof entfernten.

Als die Stunde Kochzeit um war, legte sich die Bauersfrau schlafen.

In aller Herrgottsfrühe schlug sie die Augen auf. Sie spreizte die Finger, blinzelte – und guck mal an! Alle Warzen waren verschwunden. Die Beine aus dem Bett schwingen und in die Holschen schlüpfen war eines.

Sie ging zum Melken in den Stall. Sie wollte hinter der Tür nach dem Melkschemel greifen, aber die Tür war blockiert. Sie drückte und schob. Und dann sah Gesche Putjemull die Frau. Sie lag tot in der Stallgasse. Mausetot.

Der Hungerteich von Undeloh

Vor langer Zeit lebten ein Bauer und seine Frau auf einem Heidehof. Sie wünschten sich schon seit vielen Jahren ein Kind. Als ihr Wunsch endlich erfüllt wurde, war die Freude groß über die Geburt der kleinen Tochter. Bald mussten die Eltern aber betrübt feststellen, dass ihr Kind nicht sehen konnte. Selbst weise Frauen konnten dem Mädchen nicht helfen. Es wurde von seinen Eltern geliebt, auch wenn diese manchmal traurig waren.

Um die Osterzeit, als die Kleine vier Jahre alt war, ging die Mutter mit ihr in der Heide spazieren. Sie erzählte dem Kinde von allem, was sie selber sah. Wie herrlich die Blumen blühten, wie das Heidekraut aussah und wie der prächtige Schmetterling flattern konnte.

Das Mädchen hörte brav zu und freute sich über ihre Worte. Als aber ein Rotkehlchen seine schöne Stimme erklingen ließ, fing die Frau an zu weinen, weil die Kleine nichts von der Herrlichkeit sehen konnte.

Das Töchterlein fragte besorgt: »Mutter, warum weinst du denn?«

Bevor diese antworten konnte, kam aus dem Gebüsch eine Frau in einem langen, schneeweißen Kleid auf sie zu. Die blonden langen Haare, das helle Kleid und die freundlichen Augen gehörten einer guten Fee.

»Ängstigt euch nicht vor mir«, sagte sie. »Ich habe von eurem Kummer gehört und werde euch helfen. Heute wandelt die Göttin Ostara durch Wald und Feld, deshalb wirkt an diesem Morgen das Wasser in manchen Quellen Wunder. Hinter dem Dorf Undeloh werdet ihr eine dieser Quellen finden.«

Zur Mutter gewandt sagte sie: »Benetze die Augen deines Kindes und es wird alsbald sehen können.«

Ohne der guten Fee danken zu können, war diese wieder im dichten Gebüsch verschwunden.

Die Frau nahm ihr Kind fest an die Hand und eilte mit ihm zu der genannten Quelle. Die Sonne ließ das heraussprudelnde Wasser silbrig glitzern. Die Hoffnungsvolle kniete nieder, tauchte ihre Finger in das Wasser und benetzte hernach damit die Augenlider ihrer geliebten Tochter. Diese öffnete ihre Augen und sah zum ersten Mal ihre glücklich lächelnde Mutter an. Die beiden umarmten sich und dankten zur Sonne gewandt der Göttin Ostara, welche ihnen die gute Fee geschickt hatte.

Zuhause sprachen die Leute im Dorf von einem Osterwunder und freuten sich sehr über das Glück des kleinen Mädchens und ihrer Eltern. Fortan galten die Quellen des Undeloher Teiches als heilig.

Viele Jahre später führte in der Nähe des Weihers der Handelsweg von Kaufleuten aus Hamburg und Lüneburg vorbei. Diese schauten dort nach dem Wasserstand des Teiches. War er voller Wasser gab es eine gute Ernte und sie hielten Getreide für den Verkauf zurück. War er trocken und die Ernte schlecht, verkauften sie es für teures Geld. So kam der Weiher zu seinem Namen Hungerteich bzw. Hungerpohl. 1930 endete diese Naturerscheinung. Warum? Das kann bis heute niemand erklären.

Vom Teufel und der Butter in Buchholz

Es gab eine Zeit, da war Butter recht knapp in Buchholz. Das, was man für seinen eigenen Haushalt, aber auch für den Verkauf brauchte, musste man selbst herstellen. Buttern war damals eine langwierige und mühevolle Arbeit.

Einmal kam ein fremder Mann ins Dorf und mit den Bauersfrauen ins Gespräch. Er fragte, wie es im Ort mit der Butter bestellt war. Daraufhin hörte er vielfaches Klagen. Der Fremde führte eine gute Rede und versprach denjenigen, die sich mit Namen in sein Buch eintragen würden, eine große Menge frischer Butter. Er stellte aber eine Bedingung: Jede Bäuerin musste ihren Namen mit dem Blut aus ihrem kleinen Finger schreiben. Mit der Aussicht auf das »gelbe Gold« unterzeichneten die meisten

Frauen im Buch. Wer seinen Namen nicht schreiben konnte, durfte einfach drei Kreuze machen.

Eine unter ihnen aber war gebildet und hatte den Fremden durchschaut; es war der Teufel! Statt ihres Namens schrieb sie folgende Zeilen in das Buch:

»Christi Blut und Gerechtigkeit,
das ist mein Schmuck und Ehrenkleid;
damit will ich vor Gott bestehn,
wenn ich zum Himmel werd' eingehn!«

Als der Teufel diese Worte las, schleuderte er das Buch im hohen Bogen weit von sich weg und war augenblicklich verschwunden. Die Buchholzer Bauersfrauen dankten Gott, dass er so gnädig mit ihnen gewesen war. In seiner Güte hatte er eine von ihnen beauftragt, das Dorf vor dem Satan zu retten.

Holz und Steine aus der Heide

Der Wald und sein Holz sowie die vielen Steine gehören zur Lüneburger Heide und sind etwas ganz Besonderes. Darum ranken sich einige Geschichten.

Bispingen an der Luhe war in früheren Zeiten bitterarm. Für Bauarbeiten verwendete man das, was es vor Ort gab, Steine und Holz. Damit wurde auch die alte Holzkirche im Ort gebaut. Eigentlich sollte sie in Volkwardingen gebaut werden. Dieses Dorf befand sich genau in der Mitte des Kirchspiels. Das Baumaterial lag dort schon bereit, aber in der Nacht vor dem Baubeginn geschah etwas Merkwürdiges. Holz und Steine verschwanden und lagen am nächsten Morgen in Bispingen.

Die Volkwardinger sagten, die Bispinger hätten dieses Werk getan, jene aber meinten, es wären die Engel gewesen.

Zeitlich etwas danach, im 14. Jahrhundert, ließ der Bischof von Verden, dem Bispingen gehörte, eine Kirche aus Feldsteinen errichten. Es wurde ein kleineres Gotteshaus, da man mit den runden Steinen keine so hohen Mauern bauen konnte. Zudem wurde die Stabilität vom nahen Sumpfgebiet beeinflusst.

Für den Bau und die immer wiederkehrenden Stützarbeiten richteten die Bispinger Hand- und Spanndienste ein. Diese wurden vom Bischoff unterstützt. Denjenigen, die beim Bau mithalfen, wurde eine Sündenvergebung eingeräumt. Das hieß, sie mussten nach ihrem Tod 40 Tage weniger im Fegefeuer schmoren.

Neben der Kirche wurde ein Glockenturm aus Holz gebaut. Das Gebälk war so stabil, dass es in späteren Jahrhunderten eine große und eine kleinere Glocke tragen konnte. Zum Inventar der Kirche gehörten Kostbarkeiten aus Holz. Ein geschnitzter Flügelaltar wurde zum Leidwesen der Kirchengemeinde Mitte des 19. Jahrhunderts für 38 Taler verkauft. Ein Sakramentenschrank mit einem geschnitzten Marienbild und einem Bildnis des Erzengels Gabriel steht heute in einem Magazin eines Museums in Hannover.

Sehenswert ist gegenwärtig noch ein Altarlaken aus feinem, geblümtem Atlas mit seidenen Fransen. Eine Stickerei im Tuch zeigt das Wappen der Brauergilde zu Lüneburg. Dieses kostbare Altartuch hat Bispingen seinem Holz zu verdanken. Mitte des 17. Jahrhunderts war die große Welle der Wasserkunst in der Abtsmühle bei Lüneburg gebrochen. Für die Erneuerung benötigte man eine starke und hochgewachsene Fichte, aber in der näheren Umgebung der Mühle wurde kein passender Baum gefunden. Diesen entdeckte man auf dem zum Bispinger Kirchspiel gehörenden Meyerhof in Volkwardingen. Als Dank dafür, dass man mit der Reparatur der Wasserkunst in Lüneburg wieder Bier brauen konnte, bekam Bispingen die kostbare Tafeldecke von der Gilde geschenkt.

Es war weithin bekannt, dass das Holz der Bäume aus der Lüneburger Heide zäh und stark war sowie eine enorme Länge aufwies.

So hatte man für die Vollendung des Hermannsdenkmals im Teutoburger Wald eine sehr hohe Tanne aus der Heide geholt. Die Gesamthöhe des

Ehrenmals beträgt gut 53 Meter. Mit Hilfe eines Flaschenzuges, welcher an dem langen Heidetannenstamm befestigt wurde, konnte man Hermann das hoch nach oben ragende Schwert in die Hand setzen.

Heide-Holz sei Dank!

Ostermanns Kassen

Nördlich von Schneverdingen liegt der Ort Insel. Vor mehr als 100 Jahren war es ein kleines Dorf, in dem auch Karsten Wesseloh lebte. Es war durchaus üblich, dass man einen Beinamen bekam und im Laufe der Jahre nur noch mit diesem angesprochen wurde. So war es auch bei dem bärenstarken Karsten Wesseloh. Da er im Ostermanns Haus geboren wurde, hieß er im Dorf bald nur noch Ostermanns Kassen.

Da er so kräftig war, diente er als junger Mann unter seinem richtigen Namen bei den Dragonern in Lüneburg. Einmal kehrte er nach einer Gefechtsübung mit seinem Trupp in die Stadt zurück. Dort hatte ein Wanderzirkus sein Zelt aufgebaut. Der Besitzer hieß Herkules und versuchte die Menschenmenge anzulocken. Er zeigte seine muskulösen Arme und rief: »Hat jemand von euch den Mut, seine Kraft mit meiner zu messen? Niemand? Einer von euch wird es doch wagen wollen, oder nicht?«

Da kam das Militär gerade am Zirkus vorbei und der Leutnant rief »Halt«! Nun forderte der pfiffige

Herkules die Soldaten heraus. »Ist denn wenigstens einer von den Herren Soldaten so mutig, mit mir zu ringen? Oder hat niemand von Euch den Schneid?« Der Leutnant schaute sich nach seinen Soldaten um und fragte Karsten Wesseloh: »Na, wie ist es, willst du es mal versuchen?«

»Na ja, ich kann das ja mal machen«, antwortete dieser ohne eine Gemütsbewegung, gerade so als ob er das mal eben nebenbei erledigen würde. Er stieg vom Pferd und trat dem Herausforderer gegenüber.

Herkules war sehr siegessicher. Er legte dem Soldaten einen Gürtel um die Hüfte und fragte, wie sie den Ringkampf beginnen wollten. Entweder könnten sie voreinander stehend anfangen oder aber aus fünf Schritten Entfernung aufeinander zulaufen.

Ganz gemütlich entgegnete Karsten Wesseloh: »Och, das ist mir eigentlich ganz egal. Wir können ja aufeinander zulaufen.« Während Herkules nach dem Kommando auf den Soldaten zurannte, blieb dieser einfach stehen und sprang erst beim letzten Schritt seines Gegners zur Seite. Der Zirkusbesitzer fiel der Länge nach auf den Boden. Wesseloh hob Herkules am Hosenboden hoch und schwenkte ihn nun mehrmals im Kreis herum. Mit dem letzten Schwung warf er den Besiegten in die kreischende Menge der Zirkusweiber. Danach wurde das Zirkuszelt schleunigst wieder abgebaut und Lüneburg der Rücken zugekehrt.

Als Ostermanns Kassen nach dem Militärdienst wieder im Dorf Insel wohnte, kochte er sich oft sein Leibgericht, welches aus braunem Kohl mit Speck bestand. Ein Mann wie ein Bär hat auch einen ebensolchen Hunger. Deshalb kochte er immer gleich einen Maurerkübel voll mit seinem Lieblingsessen. Nach der Mahlzeit wurden die Reste niemals aufgewärmt, auch nicht wenn der Kohl eine Eiskruste hatte. Kassen meinte stets, dass Kohl sich schneller in einem jungen Burschen erwärme als in einem kalten Kübel.

Als er älter wurde, nannte man ihn nur noch Ostermanns Kassenvader, aber nach wie vor war er kräftig. Deshalb übernahm er es, für das ganze Dorf Salz aus der Saline in Lüneburg zu holen. Als Wegzehrung bekam er Brot und Speck und eine Flasche Korn mit. Frühmorgens fuhr er, so wie es seine Art war, ganz gemütlich mit seinem Ochsenkarren los. Die lange Fahrt machte ihm nichts aus. Zum Zeitvertreib strickte er, das machten damals viele Männer.

Auf der Rückfahrt war der Karren schwer mit Salz beladen und ein Hinterrad brach, als es über einen Stein fuhr. Das Strickzeug wurde auf die Seite gelegt und Ostermanns Kassenvader ergriff eines seiner Hanfseile. Er wickelte es um die Achse des gebrochenen Rades und hängte es sich hernach über die Schulter. Seine Ochsen und er brachten das Salz sicher nach Insel, auch wenn dem starken Mann noch einige Zeit lang die Schulter schmerzte.

So hatte sicher jeder einen Ostermanns Kassen in seinem Dorf, von dem man noch lange Zeit erzählen konnte.

Die zwei Riesenbrüder

Im Kirchspiel Bispingen lebten einmal zwei Riesen, die Brüder waren. Der eine wohnte in Ehrhorn, der andere in Schülern. Dem Ehrhorner ging es richtig gut. Auf seinen Äckern wuchs der Weizen prächtig heran und auf der Weide gab es gut genährte Kühe. Er hatte ein großes Haus, welches von einer hohen Findlingsmauer umgeben war. Wenn die Sonne zu heiß schien, spendeten die hohen Eichen angenehmen Schatten. Der Hof endete am Wald, in dem es vom Auerochsen bis hin zum Hasen reichlich für die Jagd gab. Der Wunsch nach einem sorgenfreien Leben mag der Grund gewesen sein, warum er recht faul wurde und nach jedem reichlichen Mahl erst etwas trank, um danach ausgiebig zu schlafen.

Bei seinem Bruder in Schülern sah es ganz anders aus. Die Habe seines Hauses und Hofes war der Sand, welcher überall zu finden war. Der Wald bestand aus recht kümmerlichen Bäumen. Dort gab es kaum Wild, weil es nicht genug zu fressen fand. Das Korn auf den Feldern wuchs nur kärglich. Durch den

Sandboden waren die Weiden recht mager, ebenso wie die Kühe. Von früh bis spät arbeitete der Schülener fleißig auf seinem Besitz, auch wenn es wenig einbrachte und er oft hungrig ins Bett gehen musste.

Wenn er es vor Hunger nicht mehr aushielt, besuchte er seinen Bruder in Ehrhorn. Dieser lachte ihn zwar aus, aber er war sehr gutmütig. Nach jedem Besuch konnte der Fleißige gesättigt und mit reichlich Proviant seinen Heimweg antreten. In solchen Momenten fühlte er sich so gut, dass er mit rauher Stimme fröhliche Lieder sang.

Einmal gab es eine sehr heiße und sonnige Zeit. In Schülern war der Sandboden ausgetrocknet, die Ernte verdorben und die Kühe konnten keine Milch mehr geben. Somit konnte der tatkräftige Riese auf seinem Hof nichts mehr tun, und er beschloss, seinen Bruder zu besuchen. In sengender Mittagshitze wanderte er los. Er verließ seinen dürren Grund und Boden und kam zu dem fruchtbaren Ackerboden des Ehrhorners. Dessen Weizen trug so kräftige Ähren, dass sich die Halme weit nach unten bogen. Der Duft des Getreides glich dem eines feinen Brotes. Von dem plötzlichen Verlangen nach frischem Weizenbrot getrieben, eilte er zum Hof des Bruders. Dort hörte er ein lautes Donnergrollen, das von einem satten, schnarchenden Riesen kam, welcher im kühlen Schatten unter den Eichen lag. Mit viel Mühe gelang dem Hungrigen, den Ratzenden zu wecken.

»Du kannst die Reste von meiner Mahlzeit essen«, sagte der Ehrhorner mit halbgeöffneten Augen. Der Schülerner aber hatte nur das herrliche Weizenbrot im Kopf und fragte, ob sie nicht eines backen könnten.

»Das können wir machen, aber du musst den Weizen dafür schneiden, zu Mehl zerreiben und dieses zum Teig verarbeiten«, sagte der Ehrhorner. Großzügig fuhr er fort: »Wenn du das alles machst, will ich wohl den Backofen dafür richten.« Dann räkelte er sich und legte sich erneut im kühlen Schatten nieder.

Der hungrige Bruder forderte den Schläfrigen auf, sein Wort zu halten und den Ofen zu fegen und ein Feuer zu entfachen. Der Ehrhorner gab gleich drei Mal sein Versprechen dazu und der Schülerner eilte zum Weizenfeld. Während letzterer in der heißen Sonne Weizen schnitt, zu Garben band und diese schlug, so dass die Körner heraus prasselten, schlief der andere noch ein ausgiebiges Stündchen. Der Fleißige sammelte das Korn in einem großen Laken und zog das schwere Bündel zum Mahlstein. Er schaute dabei Richtung Ehrhorn, konnte aber noch keinen Rauch entdecken.

Dort sagte sich der faule Bruder gerade, dass er den Ofen auch noch in einer Stunde anmachen könne und drehte sich zum Weiterschlafen auf die andere Seite.

Der Tüchtige plagte sich währenddessen mit dem Mahlen ab und bald war der Mahlstein mit weißem Mehl bedeckt. Dieses köstliche Pulver trug er zum Teich und knetete es mit Wasser zu einem kräftigen Brotteig. Danach machte er sich auf dem Weg zum Hof des Bruders. Bald hörte er ein Knistern und Knacken und er sah Rauch aufsteigen.

»Welch ein guter Kerl er ist, weil der sein Versprechen eingehalten hat«, dachte der Fleißige bei sich.

Was er nicht wusste war Folgendes: Das Knistern kam vom Kratzen des Bartes und dem Zerdrücken der Läuse; das Knacken war das Abbrechen einer Latte des Zaunes, um damit den Rücken zu kratzen und der Rauch war verursacht vom Schmauchen der Pfeife des faulen Riesen.

Voller Freude eilte der Hungrige mit dem Teig zum Backofen und fand diesen kalt und schmutzig vor. Enttäuscht und zornig stampfte er zum Riesen, der sein Versprechen gebrochen hatte. Dieser saß lachend auf dem Boden und blies dem Schimpfenden Rauch ins Gesicht. Nun begann ein heftiger Streit. Der Schülener warf dem Bruder den Teig vor die Füße, fasste dessen Bart mit beiden Händen und zog heftig daran. Da wurde der Ehrhorner ärgerlich, stand auf und versetzte seinem Bruder einen Tritt in den Hintern, so dass dieser in hohem Bogen über die Mauer flog und heulend und fluchend Richtung Schülern lief.

Dem Ehrhorner tat es sofort leid, seinen Bruder getreten zu haben. Er rief ihm hinterher, er solle doch zurückkommen. Als dieser nicht hörte, holte er aus Reue goldgelben Speck und saftigen Schinken aus dem Haus und warf seinem Bruder beides hinterher. Dieser aber hörte nicht auf zu rennen, bis er zu Hause angekommen war.

Auch als der Schinken dort bei seinen Füßen landete, konnte er das Verlangen nach frischem Weizenbrot nicht aus seinen Gedanken verbannen. Wütend griff er nach seinem Sand, warf ihn in Richtung Ehrhorn und traf seinen Bruder damit mitten ins Gesicht. Der sonst recht nachsichtige, faule Riese wurde zornig, griff einen Stein vom Backofen und schleuderte ihn nach Schülern. Da keiner der beiden daran dachte aufzuhören, hielt das Hin- und Herwerfen die ganze Nacht lang an, bis sie müde wurden und einschliefen. Wie groß war der Schreck, als sie ihre Untat am nächsten Morgen betrachteten. In Ehrhorn waren die Äcker dick mit Sand überdeckt und in Schülern lagen auf dem Feld überall Steine.

Dieser Streit soll der Grund dafür sein, dass es in Ehrhorn so viel Sand gibt und man in Schülern so viele Steine findet.

Die Räuber vom Möhrengrund

Einst gab es einen alten Heerweg, der von Schneverdingen aus östlich nach Lüneburg und nördlich nach Harburg führte. Noch bevor er sich in diese Richtungen teilte, durchquerte er ein tiefes Tal, den Möhrengrund.

Hier gab es einen sehr dichten Wald, in dem vier Räuber in einer großen Erdhöhle wohnten. Diese Behausung war mit Reisig und Laubwerk so gut getarnt, dass niemand anderer als sie den Zugang finden konnten. Zwei der Räuber waren stets in der Umgebung unterwegs, um Nahrung aus Ställen und Speichern zu stehlen. Selbst die Bienenstöcke waren vor ihnen nicht sicher. Die anderen beiden Räuber blieben in der Höhle, da sie auf einen Glockenklang achtgeben mussten.

Um Kaufleute auszurauben, die reich beladen zwischen den großen Städten unterwegs waren, hatten sie sich schon etwas Gutes einfallen lassen. Deshalb hatten die Diebe am Wegesrand eine goldene Uhr als Köder ausgelegt, mit einer angebundenen Schnur, die bis zur Höhle reichte. Wurde die Uhr aufgehoben, läutete bei den Räubern ein Glöckchen. Blitzschnell standen sie dann vor den Händlern und ließen diese erst nach Zahlung eines Lösegeldes weiterziehen. Die Diebesbande führte ein behagliches

Leben, sie hatten genug zu essen und ein Brunnen versorgte sie mit Wasser. Der einzige Streit, den sie täglich miteinander hatten, ging darum, wer kochen sollte und wer sauber machen musste.

Als wieder einmal das Glöckchen läutete, hielt kein Krämer, sondern ein 14-jähriges Mädchen die Uhr in den Händen. Es kam aus dem Dorf Haverbeck und war von ihren Eltern zum Einkaufen nach Schneverdingen geschickt worden. Das Mädchen erschrak gewaltig, als es die Halunken sah, und fing gleich an zu weinen. Da bei dem Kind nichts zu holen war, nahmen sie es mit. Nun musste die Kleine den Haushalt führen und die Räuber lebten fortan ohne Streit.

Lebensmittel gab es stets genug in der Höhle, doch was ihnen eines Tages fehlte, war das Salz. Dieses bekam man nur in Schneverdingen, aber keiner der Räuber konnte sich dort sehen lassen. So waren sie gezwungen, das Mädchen zu schicken. Sie musste schwören zurückzukommen und niemandem zu sagen, wo sie hausten.

Mit einigen Geldstücken und einem Sack machte sich die Kleine auf den Weg. In Schneverdingen kaufte sie zuerst das Salz ein und hernach setzte sie sich auf den großen Findling vor dem Hause des Kaufmanns. Sie fing bitterlich an zu weinen und klagte dem Stein ihr Leid. Die Leute in ihrer Nähe wurden auf sie aufmerksam und beim Zuhören erkannten sie ihre Not. Mutige Männer kamen zusammen und wollten den lange gesuchten Unholden den Garaus machen. Sie planten dem Mädchen zu folgen, ohne dass es etwas davon merkte. Einer von ihnen hatte mit einem dicken Nagel heimlich ein Loch in den Salzsack gebohrt.

Als das Kind nun den Rückweg antrat, rieselte Salz aus dem großen Beutel heraus und hinterließ eine weiße Spur. Die mit Äxten und Sensen bewaffneten Burschen folgten ihr in einiger Entfernung. Im tiefen Wald angekommen, rief das Mädchen den Räubern zu: »Ich bin wie versprochen mit dem Salz zurückgekommen.« Da öffneten die Bösewichte die Höhle und die Verfolger im Dickicht sahen nun, wo sich der geheime Eingang befand. Als sich die Schurken in Sicherheit glaubten, wurden sie von den wackeren Männern überfallen und tot geschlagen. Anschließend zerstörten sie die Höhle und nahmen alle Schätze mit. Das befreite Mädchen durfte zu ihren überglücklichen Eltern nach Haverbeck zurückkehren und die Kaufleute brauchten sich fortan nicht mehr vor den Räubern im Möhrengrund zu fürchten.

Das Schneiderlein von Seppensen

Es muss ein pfiffiger Schneider gewesen sein, welcher einst im Dorf Seppensen bei Buchholz wohnte. Er verdiente sein Geld nicht nur mit seinem Handwerk, sondern auch mit dem Musizieren. Seine Fiedel erklang auf allen Kirch- und Dorffesten. Zudem beherrschte er die Kunst des Kartenspiels und kannte fast alle Tricks, um zu gewinnen. Doch trotz seines Fleißes befanden sich in seiner Geldbörse stets nur ein paar Groschen.

Am heutigen Tag hatte er für das Fiedelspiel bei einer Bauernhochzeit außerhalb von Seppensen zwar vier Geldstücke verdient, aber im Laufe des Abends hatte er zwei davon für einige Humpen Bier ausgegeben.

Wankend machte er sich auf den Heimweg, welcher durch den Lohbergener Forst führte. Der Morgen war nicht mehr weit entfernt, aber noch war es recht duster. Zu seiner Aufmunterung lallte der Trunkenbold Volkslieder in die Landschaft hinaus. Seine Füße hatten schwer mit dem Heidekraut und den Wurzeln der Kiefern zu kämpfen.

Es dauerte nicht lange, da stolperte er und fiel der Länge nach auf den Heideboden. Mit dem Sturz schlug auch seine Stimmung um. Erst jammerte er, was für ein armes Schneiderlein er doch wäre, dann wurde er zornig und rief laut in die Dämmerung hinein: »Was soll dieses elende Leben, welches ich erleiden muss, mag es der Teufel holen.«

Kaum ausgesprochen stand ein fremder Mann vor ihm. Noch schwirrte alles im Kopf des Schneiders. Er musste seine Gedanken tüchtig zur

Ordnung rufen, um erfassen zu können, ob es ein feiner Herr oder ein stattlicher Jägermeister war. Er schaute den Fremden oben beim Hut angefangen über den feinen Zwirn in der Mitte bis hinunter zu den Schuhen an und erschrak. Der linke Fuß steckte in einem Schuh, der rechte aber war ein Pferdehuf.

»Ich habe den Teufel gerufen, ich habe den Teufel gerufen«, dachte er voller Entsetzen. Der Schneider wurde schlagartig nüchtern. Auf keinen Fall durfte er jetzt Angst zeigen.

Der Fremde sagte mit rauchiger Stimme: »Warum beklagst du dich? Hast du etwa Not zu leiden?«

Ohne eine Antwort abzuwarten, zog er aus seinem Wams einen Beutel hervor, öffnete ihn und ließ den Schneider hineinschauen. Wie groß dessen Augen wurden, als er sah, dass es sich um Goldmünzen handelte. Mit geöffnetem Mund hörte er dem Höllenfürsten zu: »Dieser Beutel mit Gold könnte dir gehören, allerdings gibt es dafür eine Bedingung. Du musst mich drei Mal hintereinander im Kartenspiel besiegen.«

Des Schneiders Gedanken purzelten hin und her. Das Gold würde ihm alle Sorgen nehmen, aber bei einer Niederlage verlöre er seine Seele an den Satan. Letztendlich gewann seine Gier.

»Ich nehme deine Herausforderung an«, sagte er, »aber wo wollen wir Karten spielen?«

Der Herr deutete auf einen Hügel.

»Lass uns da hinaufgehen, dort gibt es Heidensteine. Einer davon wird unser Spieltisch werden, allerdings müssen wir uns beeilen. Bevor sich das Morgenlicht zeigt, muss ich wieder zuhause sein.«

Oben angekommen ließen sie sich an einem der Steine nieder und der Schneider zog sein Kartenspiel aus Jackentasche. »Mir ist zu Ohren gekommen«, ertönte die Stimme des Teufels, »dass du dich gut auf das Kartenspielen verstehst. Also will ich mischen und die Karten ausgeben, damit auch alles mit rechten Dingen zugeht.«

»Sei auf der Hut«, dachte der Schneider und überlegte jede auszuspielende Karte ganz genau.

Welch ein Glück, er gewann das erste Spiel. Der Gegenspieler war erzürnt und schlug heftig mit der Hand auf die Steinplatte und kratzte mit seinen Fingernägeln auf ihr herum. Besorgt sah das Schneiderlein, dass der gesamte Stein einige Zentimeter im Erdboden eingesunken war. Das Gleiche passierte auch nach seinem zweiten gewonnen Spiel. Ein Blick nach Osten verriet ihm, dass er noch ein wenig Zeit herauszögern musste.

»Seid nicht erzürnt mein Herr, noch haben wir das dritte Spiel vor uns. Damit ihr es aber mit guter Laune startet, will ich euch einen Kartentrick zeigen.«

Erstaunt blickte der gut Gekleidete das Schneiderlein an, fing an zu lächeln und sagte: »Dann zeig mal was du kannst.«

Der Schneider streckte ihm das Kartenspiel entgegen und sagte: »Nimm dir eine Karte, schaue sie an, merke sie dir und stecke sie unter deinen Hut.«

Der Aufgeforderte tat wie ihm geheißen. Das pfiffige Schneiderlein mischte die verbliebenen Karten und deckte hernach die oberste Karte auf. »Hier hast du eine neue Karte, gib mir dafür die aus deinem Hut zurück.« Aber der Hut war leer, die hineingesteckte Karte verschwunden.

»Du Waghals«, raunte der Erstaunte mit glühenden Augen.

»Eher ein Bruder Tolldreist«, lachte der trickreiche Kartengeber und warf seinem Gegenüber alle Karten ins Gesicht. »Jetzt schau noch einmal unter deinen Hut!«

Verblüfft zog der feine Herr die zuerst gemerkte Karte heraus. Er zischte: »Gaukler oder Könner, das wird das dritte Spiel entscheiden. Aber beeile dich, die Sonne wird bald aufgehen.«

Für den Schneider begann nun das letzte Spiel gegen die Zeit und um sein Überleben. Bedächtig sammelte er alle Karten ein und gab sie seinem Gegner zum Mischen. Beim Austeilen fehlten allerdings zwei Karten.

»Du Halunke, wo hast du die Karten versteckt?«, rief dieser verärgert aus. Der Schneider deutete mit dem Zeigefinger auf den Boden vor dem Heidenstein.

»Dort habt Ihr sie fallen lassen.«

Tatsächlich, der Satan hob die Karten auf, und das Spiel konnte beginnen. Den baldigen Sonnenaufgang vor Augen überlegte das Schneiderlein jeden Spielzug drei Mal. Die Zeit verrann und mitten im Spiel wich die Dunkelheit über den Baumwipfeln dem gleißend roten Sonnenlicht. Blitz und Donnerschlag brachten das Schneiderlein zu Fall. Als er hernach seine Augen öffnete, war er allein. Es roch nicht nur verbrannt, es stank auch erbärmlich.

»Das kommt aus der Hölle des Teufels, ich bin ihm entkommen«, seufzte er erleichtert.

Der Beutel mit den Goldstücken aber lag im Heidekraut und verriet sich durch Glitzern und Blinken. Mit seinem Reichtum ging der Schneider zurück nach Seppensen, packte sein Hab und Gut zusammen und verließ sein Heimatdorf. Was zurückblieb, war der Heidenstein im Lohbergener Forst, tief eingesunken und mit seltsamen Zeichen auf seiner Oberfläche.

Der Runenstein bei Jesteburg

In Lohbergen waren einmal Offiziere einquartiert. Einer von ihnen verliebte sich in die wunderschöne Tochter des dortigen Waldhüters. Diese erwiderte seine Liebe und wollte gern mit ihm die Ehe eingehen. Ihr Vater aber war damit überhaupt nicht ein einverstanden. Er vermutete, dass der Soldat seine

Tochter nur verführen wolle. Deshalb trennte er die beiden und schickte seine Tochter nach Hamburg. Dort fand sie eine Anstellung beim Bürgermeister.

Es dauerte nicht lange, da fühlte sich ein alter Gerichtsdiener magisch von ihrer Schönheit angezogen. Bald war sein Herz mit Liebe zu ihr erfüllt und er machte ihr einen Heiratsantrag. Diesen lehnte sie ab, denn ihr Herz gehörte immer noch dem schmucken Offizier. Der Alte hörte nicht auf, um sie zu buhlen, aber er wurde einfach nicht erhört. Beim Abgewiesenen machte sich Betrübnis breit. Er griff zu seiner Pistole und erschoss sich.

Im Bürgermeisteramt glaubten fortan alle Leute, dass die hübsche Maid die Schuld am Tode des Gerichtsdieners trug. Und je mehr darüber gesprochen wurde, umso heftiger fielen die Anschuldigungen aus. Zum Schluss meinte man, die Tochter des Waldhüters wäre eine Hexe. Als solche wurde sie nun angeklagt.

Das junge Mädchen sollte gestehen ein Unmensch zu sein und wurde auf eine Folterbank gespannt. Unter schrecklichen Qualen gestand sie schließlich, den Teufel beim Hexenstein (Runenstein) in den Lohbergen bei Seppensen getroffen und sich mit ihm verbündet zu haben. Nach diesem erzwungenen Geständnis wurde die eigentlich schuldlose Jungfrau öffentlich in Hamburg verbrannt. Das Ganze geschah im Jahr 1661.

Die fliegenden Mettwürste

Im Kirchspiel Hanstedt war es Sitte, dem Pastor Abgaben (Pröven) zu leisten. Alle Bauern, aber auch die Adeligen waren dazu verpflichtet. Auf Gut Holm, welches an der Seeve gelegen war, ärgerte sich der Gutbesitzer Schenk von Winterstedt sehr darüber. Er wollte nicht mit den Bauern auf eine Stufe gestellt werden und schon gar nicht wie sie etwas abgeben müssen. Seine alljährlichen vom Pastor erwarteten Pröven bestanden aus genau zwölf langen und richtig dicken Mettwürsten. Dieses Jahr wollte der Erzürnte dem Geistlichen zeigen, was er davon hielt. Er machte sich mit spöttischem Gesicht auf den Weg nach Hanstedt.

Voller Freude erwarteten ihn der Pastor und seine Gattin. Diese Verzückung verschwand umgehend, als der Gutsherr lediglich acht schmale Würste auf den Tisch legte. Die Frau des Pastors fing heftig an zu jammern. Sie hatte sich für die Winterzeit auf die anständigen Mettwürste vom Gut verlassen. Der Pastor sagte nichts dazu, aber in seinem Geiste war er schon auf der Suche nach einem passenden Bibeltext. Dieses Verhalten wollte er nicht ungesühnt lassen.

Am nächsten Sonntag saßen Schenk von Winterstedt, seine Frau und Kinder, seine Knechte und Mägde sowie alle Hanstedter in der Kirche. Der Pastor blickte souverän von seiner Kanzel herunter und fing an zu predigen. Er zitierte den Propheten Jeremias, Kapitel 49, Vers 12: »Siehe, diejenigen, die es nicht verschuldet haben den Kelch zu trinken, müssen trinken; und du sollst ungestraft bleiben? Du sollst nicht ungestraft bleiben, sondern du musst auch trinken!«

Er fand dazu viele Vergleiche in seiner Predigt, und als sie endete, begann das Drama. Der Pastor erhob seine Arme und hielt acht mickrige Mettwürste in den Händen. Dann hörten ihn die erschrockenen Gottesdienstbesucher mit strenger Stimme ausrufen: »Hochwertester Herr Edelmann, schau Er mal diese Würste an! Sie sind nicht groß, sie sind nur klein; sind lauter Finnen (Bandwürmer) und Sehnen darein. Statt zwölf zählt man nur derer acht; Wer hätte das von Ihm gedacht? Hier in der Kirche singt man Lieder; da hat er seine Würste wieder!«

Kaum ausgesprochen flogen die Würste im hohen Bogen über die Köpfe der frommen Menschen hinweg und landeten vor den Füßen des Gutsbesitzers. Dessen Gesichtsfarbe wechselte blitzschnell vom erschrockenen Kreidebleich hin zur Zornesröte. Fluchen durfte er jedoch nicht, da er sich in einem Gotteshaus befand. Hocherhobenen Hauptes verließ er die Kirche, gefolgt von seiner Familie und seinem Gesinde. Fortan besuchten die Bewohner des Gutes Holm die Kirche in Jesteburg. Dort waren sie sicher vor »fliegenden Mettwürsten«.

Raum Lüneburg, Bardowick

Der Bulle von Bardowick

Sollten Reisende einmal in Bardowick nach dem Dom fragen, werden sie erleben, was Bürgerstolz ist. Dann erzählt man von grandiosen Zeiten, es habe hier einmal neun Kirchen und Kapellen gegeben. Ja, ja, heißt es dann, Sie haben richtig gehört: Wir waren Hansestadt! Bardowick lag an den großen Heerwegen, an der Salzstraße. Strahlenförmig ging ein Wegenetz von Bardowick nach Lüneburg und über Uelzen in die Altmark nach Magdeburg und Erfurt, über Gifhorn nach Braunschweig, über die Elbe nach Hamburg. Große Frachtwagen passierten den Ort. Die Schiffbarkeit der Ilmenau und der Heringsfang machten die Stadt reich. Eine der größten Handelsmetropolen im Reiche, das war Bardowick, so bekommen Reisende es zu hören.

Allein, nach einem gewissen Bullen sollten sich Besucher lieber nicht erkundigen. 1189 kam Heinrich der Löwe mit einem Söldnerheer. Die Stadt sollte sich ihm unterwerfen. Leichter gesagt als getan, waren die Befestigungsanlagen doch größer als die von Haitabu. Die Bardowicker erfrechten sich und präsentierten von dort oben die blanke Kehrseite.

Heinrich wollte schon resignieren, da rannte ein Bulle durch das Lager. Seine Söldner jagten hinterher. Einen fetten Braten als Wegzehrung abgreifen, das war das Mindeste! Der Bulle stampfte durch die Ilmenau.

»Ach guck«, dachte Heinrich, »eine Furt direkt zur Stadt hinein!« Da hatte er sie am Schlafittchen, die Bardowicker. Henry, der Wüterich, ließ die Stadt dem Erdboden gleichmachen. Längst hatte er sein Herz an Lüneburg verloren.

Einem Hornvieh etwas verzeihen? Nicht in Bardowieck! Das braucht der Leser nicht zu denken.

Weshalb das Heidekraut rot blüht

Einst blühte die Heide in einem prächtigen Weiß. Es war die Zeit, in der es noch Ritter und Kriege gab. Einer der Edelmänner hatte eine wunderschöne Braut. Mit ihr saß er oft auf einem großen Felsenstein in der Heidelandschaft. Beide liebten den Anblick der abertausenden, weißen Blütenglöckchen und sie genossen die Zeit zu zweit.

Ein Wind, welcher wie aus dem Nichts aus Osten kam, ließ das Rascheln der Heideblüten immer lauter werden. Mit ihm kam aber auch die Kunde, dass vor den Toren eines weit entfernt wohnenden Verwandten ein Krieg tobte. Der Ritter kannte seine Pflicht. Bevor er sich von seiner Liebsten verabschiedete, saßen sie noch einmal zusammen auf dem Felsenstein und schworen sich ewige Liebe.

»Ich werde dir immer treu sein und auf deine Heimkehr warten, mein edler Bräutigam«, sagte die junge Frau.

»Woher werde ich wissen, ob du den Treueschwur eingehalten hast?«, fragte der Ehrenmann und schaute in die mit Abschiedstränen gefüllten Augen seiner Braut.

»Wenn die Heide bei deiner Heimkehr ihr unschuldiges Weiß verloren hat und rot blühen sollte, dann hätte ich dich betrogen, aber das wird nie geschehen.«

Sie küssten sich ein letztes Mal, der Ritter bestieg sein Pferd und war bald hinter einem Birkenhain verschwunden. Die lange Zeit des Wartens lastete sehr auf den Schultern der Holden und allmählich verblasste die Erinnerung an den Bräutigam. Bald danach fand sie einen neuen Liebsten. Mit diesem ließ sie sich ebenfalls auf dem Felsenstein in der Heide nieder. Da es aber nicht der rechte Bräutigam war, schnellte der Fels mit ihnen in die Höhe. Das Liebespaar stürzte in das Heidekraut und der herabfallende Felsen begrub die untreue Braut unter sich. Ihr Blut färbte das Heidekraut rot ein.

Der Ritter befand sich zu dieser Zeit nicht weit von der Heide entfernt auf dem Heimweg. Als Zeichen seiner Liebe, wollte er für das Wiedersehen mit der sehnsüchtig vermissten Braut einen Strauß Heidekraut pflücken.

Das Herz des Betrogenen schmerzte, als er überall nur rote Heideglöckchen blühen sah. Voller Trauer wendete er sein Ross und zog in einen neuen Krieg.

Der habgierige Schäfer

»Was für ein hart verdientes Brot«, seufzte der einsame Schäfer bei Eis und Schnee. Der Ostwind pfiff unter dem Rand seines Schäferhutes an seinen Ohren vorbei und fand auch die Löcher in seinem Mantel. Seine Schnucken aber besaßen ein wärmendes Wollkleid. Heute erst war er mit seiner Herde am Wilseder Berg angekommen. Die Hoffnung, dass es hier beim Berg offene Heideflächen gab, musste der Hirte begraben. Eine dicke Schneedecke verdeckte das Heidekraut. Die Tiere mussten mit ihren Klauen im Schnee scharren, um das ein oder andere Kräutlein zu finden.

Eines von ihnen kratzte an einer Stelle unaufhörlich Schnee beiseite. Plötzlich kamen Heidekraut und eine blaue Glockenblume zum Vorschein. Der Schäfer, der eben noch geträumt hatte, reich in einer warmen Stube zu sitzen, riss seine Augen weit auf.

»Das gibt es doch nicht, eine Glockenblume mitten im Winter«, rief er erstaunt.

Er bückte sich und zog das blaue Wunder aus dem Kraut heraus. In seiner Hand fing das Glöckchen der Blume an zu läuten. Bei diesem himmlischen Klang öffnete sich plötzlich der Berg.

Der erstaunte Schnuckenhirte schritt mit dem Blümlein in der Hand in die vor ihm liegende Höhle hinein. Wie herrlich rot das Gestein glitzerte. Er ließ das Glöckchen fallen und stopfte sich seine Taschen mit den funkelnden Steinen voll.

Auf einmal hörte er eine Stimme: »Vergiss das Wertvollste nicht!«

Erschrocken sah sich der Schäfer um. Niemand war zu sehen, aber weiter hinten hatte sich eine zweite Höhle geöffnet, aus der es silbrig schimmerte.

»Da gehst du auch hinein und findest sicher das Wertvollere«, dachte er und kam in eine Silberhöhle. Gierig griff er nach den glänzenden Brocken.

»Dafür bekomme ich viel mehr Geld als für die roten Steine«, erwog er, leerte seine Taschen aus und füllte sie mit Silber.

Wieder ertönte die Stimme: »Vergiss das Wertvollste nicht!«

Hinter der zweiten hatte sich eine dritte Höhle geöffnet. Sie war gefüllt mit Gold und Edelsteinen. Diesmal überlegte der Hirte nicht lange. Er leerte erneut seine Taschen aus und füllte nicht nur diese, sondern auch noch seinen Hut mit den Kostbarkeiten.

Nun ertönte die Stimme zum dritten Mal: »Vergiss das Wertvollste nicht!«

Da sich keine weitere Höhle öffnete, machte er sich auf den Rückweg. Den gefüllten Hut musste er mit beiden Händen tragen, deshalb konnte er die Glockenblume nicht mehr mitnehmen.

Noch wusste er nicht, dass er damit das Wertvollste zurückließ. Draußen angekommen schloss sich der Berg mit einem heftigen Donnern. Die Schätze verwandelten sich in Kieselsteine, denn nur die Glockenblume besaß die Kraft, Menschen mit Gold glücklich zu machen. Was geblieben ist, sind die Steine in der Gegend rund um den Wilseder Berg.

In der Lüneburger Heide existieren sechs Damenklöster. Ein jedes hat eine ganz eigene Atmosphäre. Ein jedes birgt wunderschöne Kunstschätze und hat eine besondere Entstehungsgeschichte. Über Jahrhunderte haben die gut betuchten Adelsfamilien ihre unverheirateten Töchter in die Klöster eingekauft. So war, bei aller Demut und Schlichtheit, doch in diesen Klöstern ein gewisser Lebensstil Standard. Hier blieben die Damen aus dem Hochadel und die Töchter aus reichen Patrizierfamilien unter sich.

Auf charmante und drollige Weise gemahnt eine Geschichte aus dem Kloster Lüne zur Bescheidenheit.

Der Esel mit den Silberhufen

Im Kreuzgang des Klosters Lüne gibt es Bogenfenster mit bunten Glasbildern. Eines dieser Fenster zeigt einen Esel, der mit einem Sack beladen ist. Trotz seiner Last scheint der Esel zu springen, ja fast zu tanzen, denn er schmeißt die Hufe, dass man diese silberhell aufblitzen sieht.

Und so ging das zu mit dem Esel: Einmal hatte es im Lüneburger Land eine Missernte gegeben. Der

Mangel an Brotkorn traf Bauern und Adel gleichermaßen, so wurde auch im Kloster Lüne die Nahrung knapp. Tagein, tagaus beteten die Nonnen um gutes Erntewetter. Sie erflehten genug Mehl zum Brotbacken und sie beteten um Korn, damit die nachfolgende Aussaat möglich wäre. Die Schwestern hungerten, einige wurden kleinmütig.

Die Äbtissin aber sagte: »Wem sollten wir vertrauen, wenn wir nicht Gott vertrauen?«

Tatsächlich stand nach ihrem kümmerlichen Abendessen ein Esel im Klostergarten. Er trug einen Sack voller Korn auf dem Rücken. Niemand wusste, woher er gekommen war, oder wem sie die Spende zu verdanken hatten.

Gleich zwei Nonnen meldeten sich freiwillig, das Eselchen mit seiner kostbaren Last zur Mühle zu führen. Doch welch ein Schrecken! Auf halbem Wege sahen sie, die Mühle brannte lichterloh. Sie ließen den Esel stehen, wo er war, und eilten hinüber, um beim Löschen zu helfen. Der Müller war untröstlich. Alles Korn, das Wenige, das man in diesen Notzeiten überhaupt hatte, alles war Opfer der Flammen geworden.

Auf ihrem Weg zurück in das Kloster fanden die Nonnen ihren Esel wieder. Er graste friedlich am Ufer der Ilmenau. Noch immer trug er den Kornsack. Aber wie bald wäre dieser Vorrat aufgebraucht! Noch immer waren die Nonnen verzweifelt.

Wieder gemahnte die Äbtissin: »Vertrauen wir auf Gott.«

Von jetzt an stand der Esel regelmäßig vor dem Kloster. War aus einem Beutel das allerletzte Korn aufgebraucht, stand am folgenden Abend der Esel da und brachte erneut einen vollen Sack.

So dankbar waren die Nonnen, dass sie den Schmied baten, ihrem Grautier silberne Hufeisen zu machen. Der Esel ließ es geschehen, trabte sogleich davon und – ward niemals mehr gesehen.

Dat schoadt nix
Herzog Georg Wilhelm und Schäfer Repelmann

Mehr als 300 Jahre liegt es zurück. Der Hochwald war ein Schlund von Grün. Rehe und Hirsche fanden überall reichlich Äsung und Deckung.

Wie so oft gönnte sich Herzog Georg Wilhelm einen Jagdausflug. Sein Bauch schmerzte, denn unter seinem Koppelgurt hatte sich ein Furunkel gebildet. Beim Aufsatteln hatte er noch geglaubt: Dat schoadt nix! Aber die Pein war gar zu arg.

Sein Pferd trat aus dem Gehölz. Der Herzog schaute in die Weite. Blau-violett verschwamm der Horizont. Zwischen den Heidhügeln wogten die Buckel einer vielköpfigen Schafherde. Ihr Blöken schallte ihm entgegen, schwoll an, verebbte. Schäfer Repelmann erwies dem Herzog einen ehrerbietigen Gruß.

Repelmann kurierte zwischen Hamburg und Hannover jedes Vieh. Und ja, man munkelte, unter seinen Händen gesunde auch der Mensch. Sogar Siechende würden unter Repelmanns Obhut wieder stramm und pausbäckig. Da nimmt es nicht wunder, dass sich unser Heideherzog diesem Manne anvertraute.

Da hieß es: »Hose runter, Durchlaucht!« Und der Schäfer klaubte aus seinem Lederbeutel eine Büchse mit einer schwarzen Paste. Er hatte sie beim Kiepenkerl erstanden. Auf allen Dörfern verkaufte jener diese Mixtur, die Bestandteile aus den Teerschlammgruben bei Wietze enthielt. Misstrauisch beäugte Georg Wilhelm die stinkende Masse.

»Keine Bange, Durchlaucht, dat schaodt nix!«

Der Schäfer bedeutete Georg Wilhelm, er müsse nun Bettruhe halten und mehrmals täglich den Bauch mit der Salbe bestreichen. Dazu sei aber auch das Besprechen der Wunde nötig.

»Jümmers rechtsrum insmeern un dreemoal seggen: Dat schoadt nix, dat schoadt nix, dat schoadt nix!«

Skeptisch fragte der Heideherzog: »Und was ist, wenn der Abzess sich doch ausbreitet und ich daran verrecke?«

Die Antwort war: »Dat schoadt nix!«

Die Entdeckung der Lüneburger Salzquelle

Es ist über tausend Jahre her, da machten sich Jäger auf den Weg, um ein Wildschwein zu erlegen. Das Lüneburger Land bestand aus mächtigen Wäldern, aber auch aus Sümpfen und sandigen Hügeln. Die Grünröcke nahmen die Fährte eines Borstenviehs auf und folgten ihr. Es ging an der Ilmenau entlang, an einer trockenen Wiese vorbei, bis hinauf zu einem Hügel. Auf dem sonnigen Hang lag eine Wildsau und schlief. Sie erlegten das Tier, waren aber sehr erstaunt, als sie es aus der Nähe betrachteten. Es war kein schwarzes Schwein, sondern ein weißes.

Beim Streichen durch das Fell fanden sie die Lösung des Rätsels: An den Borsten klebten Salzkristalle. Wie kam das kostbare Gut dorthin? Die Jäger erkundeten die Spuren, welche das Tier hinterlassen hatte. Sie kamen an einen Tümpel im Moor, dessen Wasser salzig schmeckte. Dort hatte sich das Schwein gesuhlt. Beim anschließenden Sonnen hatten sich die weißen Kristalle an den Borsten gebildet.

Es war also eine wilde Sau, die den Lüneburgern den Reichtum durch das Salz einbrachte. In der dort eingerichteten Saline wurde Jahrhunderte lang Salz gesotten.

Alle Lüneburger kennen die Geschichte der Salzsau. Ehrenhalber verwahrt man noch heute einen Schinkenknochen von ihr in einem Glaskasten im

Rathaus. Trotz aller Wertschätzung, für das Stadtwappen wählte man nicht das Wildschwein, sondern einen Löwen aus.

Wie die Seeve entstand

Der Sage nach soll der Fluss Seeve seinen eigentlichen Ursprung am Wilseder Berg gehabt haben, heute befindet sich seine Quelle ein Stück davon entfernt bei Wehlen.

Es gab eine Zeit, da wohnten Riesen westlich und östlich der Elbe. Im Westen gab es Wald, Heidelandschaft und kleine Berge. Einer davon war der Wilseder Berg. Auf dessen höchster Stelle saß ein Riese aus dem Luhetal. Sein Wohnort hieß Soderstorf. Der große Kerl mochte es sehr, wenn alles friedlich und ruhig zuging. Deshalb hatte er sich auch mit dem Riesen aus den Lohbergen verabredet, welcher nicht weit von ihm entfernt wohnte. Dieser hatte einen heftigen Grenzstreit mit den Riesen östlich der Elbe. Deshalb wollten der Soderstorfer und der Lohbergener über einen gütlichen Pakt des Grenzverlaufs zwischen beiden Elbegebieten beraten.

Nun harrte der Riese schon sehr lange auf dem Berg aus, aber vom Lohbergener war weit und breit noch nichts zu sehen. Da es auf der Anhöhe sehr windig war, beschloss der lange Kerl am Fuße des

Berges zu warten. Dort angelangt sagte er zu sich: »Eine halbe Stunde warte ich noch, aber danach gehe ich nach Hause«. Er trat mit seinen riesigen Füßen recht ungeduldig auf einer Stelle hin und her. Mit einem Mal tat sich genau dort eine kleine Erdspalte auf und augenblicklich sprudelte klares Wasser heraus. Das kleine plätschernde Rinnsal verwandelte sich langsam in einen kleinen Bach, welcher im Heidesand Richtung Wehlen floss. Der Soderstorfer sah das als gutes Omen an.

Wenig später traf er den Lohbergener und zusammen fanden sie eine vernünftige Lösung für den Grenzverlauf im Osten. Die beiden Riesen selbst lebten Zeit ihres Lebens ohne Streit nebeneinander.

Dieser Fluss, der seinen Ursprung den Füßen eines Riesen zu verdanken hatte, bekam später von den dort lebenden Menschen den Namen Seeve.

Snakenkönig

Vor Jahr und Tag ritt ein Jägersmann über die Heide. Der Wind sauste ihm nur so um die Ohren. Gnitzertrocken war das Land, trocken war auch seine Kehle. Sein Gaul brauchte eine Pause und beiden gelüstete es nach einem kühlen Trunk.

Am Bach breitete der Jäger seinen Mantel über das Gras und wollte sich darauf ausstrecken. Da machte es dipp und dapp um seinen Kopf und prick und piek an seinem Arm. Ein Snakenkönig wollte sich Respekt verschaffen. Flugs hatte der Reiter seinen Mantel gerafft und das Pferd erklommen. In gestrecktem Galopp ging es über die Fluren, doch Snakenkönig und sein Gefolge schwirrten hinterdrein. Der Jäger schlug mit seinem Mantel hinter sich, dass es flappte. Da flog er hin, der Mantel, doch der Snakenkönig und sein Volk ließen endlich ab von dem Jägersmann.

Nun galt es, den Mantel wieder aufzuheben, da blinkerte es auf dem Wollstoff. Hach, der langbeinige Snakenkönig hatte seine Krone verloren! Unser Reiter steckte den Schatz ein. Hat er die Krone denn verkauft? Mitnichten.

Fortan knipste er stets einen winzigen Zacken als Zahlungsmittel aus der Krone. Was auch immer er kaufen mochte, sein Schatz tat ihm gute Dienste. Das blieb so – sein Leben lang.

Du glaubst das nicht? Ei, der Jägersmann war schlau. Er brach jedes Mal nur einen klitzekleinen Teil ab, den größten Teil behielt er zurück.

Für das Wenige kaufte er viel, aber der Jägersmann brauchte immer weniger, war es doch allein der Schatz, der ihn glücklich machte.

Raum Soltau

Der geheimnisvolle Zwerg im Wald

Eine arme Frau lebte in einer kleinen Kate bei Soltau. Der Wind pfiff durch die Ritzen der Bretterwände, aber das Geld reichte nicht aus, um etwas zu reparieren. Der einzige wertvolle Besitz des Weibes war ihre Ziege. Dadurch gab es stets Milch, Butter und Käse zur Mahlzeit. Damit die Zicke auch immer genug Futter hatte, war die Frau oft schon frühmorgens im Wald unterwegs, um frisches Laub zu sammeln.

Eines Tages stand plötzlich ein ungewöhnlich kleiner Mann neben ihr. Ohne ein Wort zu sagen, half er ihr, saftig grüne Blätter zu pflücken, bis der Sack gefüllt war. Kaum war das Bündel zugeschnürt, fing der Zwerg an zu sprechen.

»Kannst du mir bitte helfen, den Stein dort in der Wasserrinne auf die Seite zu wälzen?«

Das tat die Frau sehr gern, als Dank für die Hilfe, die sie von ihm bekommen hatte.

»Nun wird es nicht mehr von unserer Decke tropfen«, meinte das Männchen und plötzlich war es spurlos verschwunden.

So nahm die Frau das Bündel auf den Rücken und ging heim, um die Ziege zu füttern. Diese fraß reichlich von dem frischen Grün. Am nächsten Morgen aber lag die Zicke tot im Stall. In ihrem großen Kummer zog die Frau dem toten Tier das Fell ab und schlitzte ihm den Bauch auf. Heraus kamen aber nicht die Eingeweide sondern lauter goldene Blätter. Freudig sammelte die immer noch Erstaunte alle Blätter auf und legte sie in ihre Truhe.

Beim Säubern des Stalles nahm sie den Sack mit dem restlichen Laub und schüttelte ihn draußen beim Misthaufen aus. Auch diese Blätter fielen als Gold auf den Mist. Nun hatte die Frau solch einen Reichtum beisammen, dass sie bis zu Ihrem Lebensende keine Not mehr leiden musste. Sie dachte oft noch demütig an den Zwerg, dem sie ihr gutes Leben zu verdanken hatte.

Geteilter Löwe

Das Wappen von Soltau zeigt auf gelbem Grund eine rote Torburg mit drei Türmen. Diese werden fast vollständig von einem Löwen verdeckt, dessen Pranken angriffslustig nach vorne gestreckt sind. Er besitzt eine blaue Farbe, ebenso wie die Dächer der Türme. Schaut man ganz genau hin, erkennt man beim Wappentier zwar einen aufwärts gerichteten Schwanz, was aber fehlt, sind die muskulösen Hinterbeine.

Auf dem heutigen Wappen von Walsrode befindet sich auf gelben Grund eine rote Klosterkirche, darunter ein blaues Wellenband und ein Mühlrad. In früheren Zeiten gab es eine andere Darstellung. Im Torbogen einer roten Kirche zeigte sich ein blaues Löwenhinterteil. Solch ein Wappen soll einmal im Rittersaal des Celler Schlosses gehangen haben.

Weshalb schmückte sich diese Stadt einst mit Hinterbacken, Schweif und den rückwärtigen Beinen eines Löwen im Wahrzeichen?

Die Bewohner aus Soltau und Walsrode fühlten sich sehr geehrt, dass der Herzog von Lüneburg gerne in ihrer Umgebung zur Jagd verweilte. Er mochte die Ruhe der Heide und ihrer Wälder. Je öfter er dort jagte, desto größer wurde das Bestreben der Stadtoberen, sich deswegen gegenüber anderen Städtchen hervorzutun. Sie malten sich aus, was sich alles zutragen könnte, wenn der Fürst regelmäßig zu ihnen käme. Wer weiß, vielleicht würde dann ja sogar eine ihrer beiden Örtlichkeiten Hauptstadt in der Heide werden?

Auf jeden Fall aber müssten beide Städte ein Wappen bekommen, schließlich hätte die Stadt Lüneburg auch eines, mit einem blauen Löwen darauf. Der Wunsch nach einem eigenen Wappen, welches sie vor den Toren ihrer Städte anbringen wollten, war so stark, dass sie ihren ganzen Mut zusammenfassten und den Herzog bei seinem nächsten Aufenthalt darum baten.

Der Landesherr war bei den Jagdausflügen stets gut gelaunt. So maßregelte er weder die Amtsleute von Soltau noch die von Walsrode, weil sie etwas von ihm haben wollten. Normalerweise wurden Ehrungen und Privilegien vom Fürsten vergeben. Aber einen Denkzettel wollte er ihnen schon verpassen.

So nahm er sein Wappenschild mit einem Löwen darauf und teilte es mit seinem Schwert in der Mitte durch. Das halbe Schild mit dem Vorderteil des Löwen bekam Soltau, die andere Hälfte mit dem Hinterteil Walsrode. Die Amtsmänner merkten, dass sie es mit ihrem Wunsch wohl übertrieben hatten. Da der Herzog aber Folgendes zu jedem von ihnen sprach: »Das soll für ewige Zeiten das Wappen eurer Stadt sein«, mussten sie sich brav bedanken und es fortan als Stadtzeichen benutzen.

Das Teilen des Löwen geschah im 14. Jahrhundert. Beide Wappen haben die Form eines Schildes.

Die Kapelle beim Heidenhof

Rund um Soltau gab es viele Hofstellen. Sie bildeten die Grundlage für das spätere Kirchspiel Soltau. Einer der Höfe, der heute noch dort steht, ist der Heidenhof. Dem Hof gegenüber gab es einmal einen Thingplatz, ein Heiligtum aus alten Zeiten. Auf dessen Grundmauern wurde später eine Kapelle errichtet. Wie es dazu kam?

Vor vielen Jahren wohnte ein reicher Bauer im Dorf Dittmern. Er hatte eine hübsche junge Frau. Am Jakobstag fuhr er allein zur Kirche nach Soltau. Es war ein schöner Sommertag. Die junge Bäuerin hatte den Haushalt erledigt und ein Mittagsmahl für ihren Mann gekocht. Nun lockte die Sonne und sie beschloss, ihrem Mann entgegenzugehen.

Sie schaute Richtung Soltau, aber sie sah weder ihren Mann noch Pferd und Wagen. Also fing sie an, einen Strauß Glockenheide zu pflücken, so wie sie es gerne tat. Heute aber erschien ihr alles seltsam, es war so still um sie herum. Es sang keine Lerche, es summte keine Biene, noch nicht einmal ein Lüftchen wehte.

Da sie von einem Heidekraut zum anderen wanderte, kam sie in die Gegend des Heidenhofs. Die Mittagssonne brannte heiß, und sie suchte Schutz bei einem Wacholderbusch. Hoch gewachsene Brombeerranken strahlten zusätzlich ein wenig Kühle aus.

Sie setzte sich dort im Schatten nieder und wurde von einer großen Müdigkeit übermannt. Bald aber wachte sie mit dem Gefühl einer sanften Umarmung an ihrem rechten Arm auf. Sie öffnete ihre Augen und sah mit Entsetzen, dass sich um diesen eine Kreuzotter gewunden hatte. Der Kopf der Schlange glitt züngelnd hin und her. Todesangst überfiel die fromme Frau. Im Stillen gelobte sie Gott, ein christliches Werk zu tun, wenn er sie erretten würde, danach fiel sie in Ohnmacht.

Leise, wie sie gekommen war, kroch die Kreuzotter von dannen. Die Frau erwachte abermals mit dem Gefühl einer Umarmung auf. Dieses Mal war es ihr geliebter Mann. Er hatte auf dem Rückweg seine Frau still wie eine Steinfigur am Busch sitzen gesehen. Beide waren froh, dass sie sich gesund und munter wiedergefunden hatten.

Das Gelöbnis hielten sie aus Dankbarkeit ein. Beim Heidenhof wurde eine Kapelle gebaut. Viele Jahre stand sie dort, bis sie baufällig wurde und abgebrochen werden musste. Seit dieser Zeit aber, soll es dort keine Kreuzottern mehr gegeben haben.

Heidschnucken

Besonders Menschen, die aus fremden Gegenden in die Lüneburger Heide kommen, sind verwundert über den seltsamen Anblick der Heidschnucken. Ähneln diese Tiere doch eher einer Ziegenart denn einer Schafrasse. In der Tat stammen sie von den südeuropäischen Mufflons ab. Diese fanden mit den letzten Kreuzzügen ihren Weg nach Europa und durch Einkreuzen mit heimischen Schafen wird die Schnucke entstanden sein. Es sind sehr genügsame Tiere, die mit der trockenen Nahrung der Heide gut zurechtkommen. Kopf und Beine der Schnucken sind mit tiefschwarzem Kurzhaar bedeckt, der Rumpf trägt blaugraue und sehr lange Wolle, die an den Seiten oft bis zum Boden herabhängt.

Schaut man von einem Heidhügel auf die ziehende Schafherde herab, so erscheint es, als ergieße sich eine Flut stillgleitend über die Ebene. Die Lämmer werden tiefschwarz geboren und bekommen erst im zweiten Jahr ihre eigentliche Farbe. Es sind friedliche Tiere, doch in der Paarungszeit mag es geschehen, dass die Jungböcke Kämpfe miteinander austragen. Dann rennen sie mit dem Kopf voran aufeinander zu, stoßen ihr Gehörn gegeneinander, dass ein Knallen und Knacken noch in weiter Ferne zu hören ist.

Mit einem ausgewachsenen Herdbock ist in der Zeit der Bockigkeit nicht zu spaßen. Sieht sich der Koloss einem vermeintlichen Konkurrenten gegenüber, rast er wie von Sinnen auf diesen los.

Auf jenes Verhalten der Schnuckenböcke war der Tod eines Schäfers zurückzuführen.

Wer glaubt, das Hirtenleben sei eine harmlose Beschäftigung, der wird in der Nähe von Tetendorf bei Soltau eines Besseren belehrt. Dort findet der Wanderer ein Holzkreuz. Die Inschrift erzählt von einem Schäfer, der ein Opfer seines eigenen Herdbockes geworden ist.

Wie sich ein Schäfer in den Tod schlief

Der Hirte versicherte sich, dass seine Hunde mit höchster Aufmerksamkeit die grasende Herde beobachteten. Hier war die Weide besonders gut, so ließ er die Tiere gern verharren. Er selbst gönnte sich eine kleine Auszeit. Der Schäfer setzte sich nieder, eine Birke diente ihm als behagliche Rückenlehne. Zunächst holte er den Strickstrumpf hervor, doch in der warmen Mittagssonne nickte er immer wieder ein. Jedes Mal ruckte er den Kopf wieder hoch. Vergeblich, das Haupt sank zurück, das Kinn näherte sich der Brust. So ging es hin und her, Pflichtgefühl und Schläfrigkeit lagen miteinander im Widerstreit.

Der Herdbock, einer mit gar mächtigem Gehörn, äugte herüber. Dieses Rucken und Nicken fasste er als Provokation auf. Er scharrte mit den Vorderbeinen, nahm Anlauf – da war es um den Schäfer geschehen!

Die weiße Frau auf dem Soltauer Kirchhof

Früher war es Brauch, an den Winterabenden im Bauernhaus beieinander an der Feuerstelle zu sitzen. So war es auch an einem Abend kurz vor Weihnachten. Frauen und Mädchen von verschiedenen Höfen rund um Soltau trafen sich, um gemeinsam zu spinnen. Die ersten Spinnräder surrten schon, als endlich das noch fehlende junge Mädchen eintraf. Es war im Spinnkreis nicht gut angesehen, da es recht hochmütig und vorlaut war. Einige Frauen lästerten, der Backfisch würde eher auf den Teufel hören als auf die Worte seiner frommen Eltern. Heute aber war keine Zeit, um viel zu ratschen. Alle mussten fleißig sein und die gesamten Spindeln vollspinnen. Die Raunächte standen vor der Tür und jede anständige Hausfrau wusste, was bis dahin alles erledigt sein musste.

Die zwölf aufeinanderfolgenden Nächte versetzten die Menschen in eine Zeit der Stille und des Ausharrens. Draußen tobten sich Geister, Dämonen und Göttinnen aus. Mal brachten sie dem einen Unheil, dann aber waren sie beim anderen auch wieder recht gnädig. Weil man den Gestalten keinen Grund für ein Erzürnen geben wollte, wurde vor dem Beginn der Nächte die gesamte Wäsche gewaschen, die Wolle gesponnen und das Haus gesäubert. Während die Frauen beim Spinnen darüber sprachen, verzog das junge Mädchen seinen Mund, um spöttisch zu lachen. Es sagte, dass es nichts von alldem glaubte, schließlich sei es kein kleines Kind mehr, welchem man damit Angst einjagen könnte.

Dieser Unglaube verärgerte die anderen Spinnerinnen. Wenn das junge Ding wirklich so stolz sei und keine Furcht kenne, dann sollte es doch zur Geisterstunde auf den Kirchhof der Johanniskirche gehen und eine leere Spindel auf ein frisches Grab legen. Sie warnten aber vor der weißen Frau, welche dort in den Raunächten anzutreffen war.

Ganz wohl war dem jungen Frauenzimmer nicht zumute, als es in der nächsten Nacht auf den Friedhof ging. Kaum hatte es die Spindel auf einem frischen Grab abgelegt, als eine weiße Gestalt mit rot funkelnden Augen erschien. Das Wesen war zornig auf das ungezogene Mädchen und tötete es mit einem Blitzschlag. Am darauffolgenden Morgen fand man es tot auf dem frostigen Grab liegend. Die weiße Frau hatte ihre Seele ins Reich der Toten herabgezogen. Die Spindel und einen Zipfel ihres Kleides fand man in der Totengruft.

Seitdem wandelt in den zwölf Raunächten auf dem Soltauer Friedhof ein Geist umher.

Das hölzerne Kreuz beim Heidenhof

Abgelegen von Soltau liegt das einsame Gehöft Heidenhof. Vor ewigen Zeiten lebte auf dem Hof ein alter Schäfer namens Stöhr. Er war fromm und klug. Viele Leute suchten bei ihm Rat. Manche Bauern aber kamen nur zu ihm, um über das Wetter zu jammern. Mal war es ihnen zu nass, dann wieder zu trocken, oder es war ihnen zu windig. Darauf antwortet der Alte stets: »Iß Gottes Wille un Gottes Wehr (Gottes Wille fügt alles, auch das Wetter)!« Er wurde sehr alt und als er starb, sollte er seine letzte Ruhe in Soltau finden. Sein Sarg wurde von starken Männern getragen.

Der Weg durch die Heide führte an Kiefernwäldern vorbei. Als ein schweres Unwetter ausbrach, mussten sie den Sarg unter Bäumen abstellen und selbst Schutz darunter suchen.

»Was ist das denn für ein grässliches Wetter?«, klagte einer der Männer. Sein Nachbar dachte an die Worte des Verstorbenen und antwortete: »Der alte Stöhr sagte stets: »Gottes Wille fügt alles, auch das Wetter!«

Daraufhin erklang eine hohle Stimme aus dem Sarg: »So ist es und so wird es immer bleiben.«

Die erschrockenen Männer sprangen auf und flüchteten trotz des Unwetters in die Heide. Als es nach einiger Zeit nachließ kamen sie pflichtbewusst zurück. Vielleicht lebte der Alte noch und war nur scheintot in den Sarg gelegt worden. Sie öffneten die Holzkiste und fanden einen friedlichen Leichnam vor.

So machten sie sich mit ihm wieder auf den Weg. Der Schäfer wurde in Soltau beerdigt, aber seine Worte aus dem Sarg wurden als Wunder bezeichnet.

Zum Andenken wurde an der Stelle unter den Kiefern ein Kreuz aufgestellt mit der Inschrift: »Stöhr † zum Andenken. Ein alter Sohn vom Heidenhof mit Namen Stöhr, der sprach allhier mit seinem verschlafenen Mund: Es ist Gottes Wille und Gottes Wehr. 1510.«

Der Geist mit dem Grenzstein

In der Heide bei Soltau gab es einmal einen Bauern der einen Acker besaß. Diesen wollte er gern vergrößern, aber dafür besaß er nicht genügend Geld. Deshalb schlich er sich nachts zum Rand seines Grundstücks und versetzte heimlich den Grenzstein. Dieses Vergehen sollte seiner Seele im Grabe aber keine Ruhe lassen. Fortan musste er zur Geisterstunde immer dort hingehen, wo er einst gesündigt hatte. Stets trug er einen Grenzstein unter seinem Arm und jammerte fürchterlich. Die Menschen fürchteten sich sehr vor der nächtlichen Gestalt.

In Soltau gab es aber einen jungen, mutigen Handwerker. Er hatte von dem Schreckgespenst gehört und wollte dem Elend ein Ende bereiten. Er machte sich am späten Abend auf den Weg in die Heide, um den Geist zu suchen. Um Mitternacht erschien ihm die Gestalt des ruhelosen Sünders mit dem Grenzstein unterm Arm.

Kaum erblickte das Wesen den jungen Mann fing, es an zu klagen: »Wo soll ich damit bleiben, wo soll ich bloß damit bleiben?«

Der Bursche befahl ihm mit lauter Stimme: »Stell ihn dahin, wo du ihn hergenommen hast!«

Damit hatte er den Bann gebrochen. Augenblicklich verschwand der Geist und wurde nie wieder gesehen.

Die Glocke der Kirche zu Munster

Vor 500 Jahren gab es im Kirchturm zu Munster eine Glocke mit einem wunderbaren Klang. Bis hin nach Hermannsburg konnte man sich daran erfreuen. Diesen Wohlklang verdankte sie den Glockengießern, denn sie hatten bei der Herstellung einen großen Anteil Silber verwendet. Das herrliche Glockenspiel sprach sich weit herum und die Kunde gelangte auch nach Lüneburg. Der dortige Abt, gleichzeitig auch Patron der Kirche in Munster, wollte diese Glocke nun unbedingt in seiner Stadt läuten hören. Er erteilte den Auftrag, eine neue Glocke zu gießen, um diese gegen die klangvolle aus Munster zu tauschen.

Es vergingen einige Wochen, bis die Arbeit der Glockengießer erledigt war. Während der Abt noch mit dem Pferdewagen und dem neuen Prunkstück unterwegs war, begann der Pfarrer in Munster um sein Juwel zu kämpfen. Er bestellte seine Kirchenältesten ein, allesamt Bauern seiner Kirchengemeinde.

Die Boten des Lüneburger Geistlichen, welche schon vor ihm eingetroffen waren, lobpreisten die neue Glocke. Zudem legten sie einen verlockenden Beutel mit Goldstücken auf den Tisch. Die Bauern aber schüttelten mit dem Kopf und lehnten das Angebot ab.

Da landete ein zweiter, noch praller gefüllter Goldsack auf dem Tisch. Die flehenden Augen des

Pfarrers wollte nun keiner der Bauern mehr ansehen. Sie senkten ihre Augen zu Boden und man hörte nur folgende leise gesprochenen Worte: »Das ist eine ganz schöne Menge an Goldmünzen!« So kam es, dass am nächsten Tag die neue Glocke im Kirchturm hing.

Die Alte aber, deren Geläut so himmlisch klang, sollte nun für die Fahrt nach Lüneburg verladen werden. Alle Versuche, sie von der Erde auf den Wagen zu heben, scheiterten zunächst. Mit jedem weiteren Bestreben schien die Glocke schwerer zu werden. Mit Wehmut im Herzen gelangte sie aber schließlich doch noch auf das Gefährt.

Am nächsten Morgen begann ihre Reise. Das Fuhrwerk wurde von vier kräftigen Pferden gezogen. Aber schon am Ende des Dorfes war die Fahrt vorbei. Die Wagenräder waren tief im Sand versunken. Zuerst spannte man zwei weitere Pferde vor den Wagen, aber auch mit ihrer Kraft bewegte sich nichts. Der Erfolg blieb sogar mit zehn Zugpferden aus. War das ein Zeichen? Die Bauern meinten es jedenfalls, spannten die Pferde aus und brachten sie zurück ins Dorf.

An diesem Abend läutete die neue Glocke zum ersten Mal im Kirchturm. Dabei schaukelte sie unentwegt hin und her und wollte gar nicht mehr aufhören zu schwingen. Mit dem letzten großen Schwung aber löste sie sich vom Glockenstuhl, flog durch das

Schallloch hoch in die Luft und weiter bis hin zum Örtzetal. Dort stürzte sie in eine tiefe Kuhle und versank darin. Niemand konnte sie dort wiederfinden. Nach diesem Ereignis spannte der Pfarrer seinen betagten Schimmel vor den Glockenwagen und brachte die alte Glocke ganz allein zurück zur Kirche. Der Kauf wurde rückgängig gemacht und fortan erfreute sich die Kirchengemeinde in Munster über den wundervollen Klang ihres Zeichen Gottes.

Die Kuhle, in der die neue Glocke verschwand, nennt man heute Glockenkuhle oder auch Glockenkolk. Sie befindet sich im Örtzetal zwischen Munster und Oerrel.

Südheide

Die Bann-Eiche an der Wietze

Der Heidebach Wietze fließt unweit an der Gemeinde Winsen (Aller) vorbei. In dieser Gegend gibt es alte, mächtigen Eichen, die Geschichten erzählen könnten.

Vor langer Zeit soll es an dem Fluss Wietze eine besonders knorrige Eiche mit weit ausuferndem Geäst gegeben haben. In der Dämmerung und nachts im Mondschein wirkten die vielfach verzweigten Äste einfach unheimlich auf den Betrachter. Gerade diesen Baum hatte sich ein gruselig aussehendes Gespenst ausgesucht.

In Nächten mit besonders hellem Mondlicht war es gezwungen, Menschen anzusprechen. Kam ein Wanderer vorbei, rief es laut: »Gute Nacht, gute Nacht!«

Beim Anblick des unheimlichen Wesens erschrak jedermann und lief hastig davon.

Eines Nachts kam ein kräftiger, junger Bursche an der Eiche vorbei, der vor Nichts und Niemandem Angst hatte. Der Geist dachte sich wohl, dass er sich bei diesem Kerl besonders anstrengen müsse und diesmal schrie er laut: »Gute Nacht, gute Nacht!«

Der junge Mann schaute die Gestalt ohne Furcht an und wünschte ihm ebenfalls eine gute Nacht. Das Gespenst war darüber hocherfreut und bedankte sich höflich für den erwiderten Gruß.

Der Bursche hatte, ohne es zu wissen, den Bann gebrochen. Das Gespenst hatte, als es noch unter den Lebenden weilte, niemals gegrüßt. Deshalb musste es unter dieser Eiche verharren und den Menschen so lange »Gute Nacht, gute Nacht!« zurufen, bis jemand zurückgrüßte. Nun war das Gespenst erlöst und wurde dort nie wieder gesehen.

Die goldene Wiege vom Silberberg

Unsere Flurnamen deuten oft Geheimnisse an, die auf immer verloren sind.

In Celle gibt es einen »Güldenen Winkel« und ein Weg zwischen Bostel und Garßen heißt »Am Silberberg«. In jenem Winkel findet man nicht mehr Gold als anderswo und den benannten Berg von Silber sucht man vergeblich.

Irgendwann aber, vor langer, langer Zeit, war ein Zauber in der Welt. Die Vögel wissen davon und die Bäume seufzen im Wind.

Als es weder Kieswerke noch Golfplätze gab, lag vor dem Osterberg bei Garßen eine zweite Anhöhe. In alten Flurkarten ist die Stelle tatsächlich als »Silberberg« verzeichnet.

Im Wirtshaus in Garßen prahlte ein Kerl, dort lebe ein Zwergenvolk. Er selbst sei den Männlein auf die Schliche gekommen. »So wahr ich hier sitze: die klettern in der Nacht aus den Erdspalten und schleppen eine Wiege auf den Berg. Darin liegen Gold- und Silbertaler zuhauf. Leute, ich hab's mit eigenen Augen gesehen! Im Mondschein polieren sie ihren Schatz, dass der ganze Berg glänzt«, so hörten die Zechkumpanen.

Drei Brüder nickten einander zu. Kaum hatten sie das letzte Bier gekippt, stiefelten sie den Berg hinauf. Hinter Buschwerk verborgen plierten sie auf die Lichtung. Und hast-du-nicht-gesehen, da waren die Zwerge schon emsig am Putzen! Welch ein Glanz!

Laut grölend trampelten die Brüder durch's Gestrüpp. Die Zwerge erschraken. Wie erwartet flohen die Kleinen in den Berg zurück. Unbewacht stand sie nun, die Wiege. Die Gesellen fuhren mit den Fingern durch die klimpernden Münzen. So winzig die Zwerge auch waren, ihre Wiege war groß und schwer. Zu schwer, um sie auf der Schulter nach Hause zu schleppen. Die drei verabredeten, der jüngste möge doch heimlaufen und ein Fuhrwerk für den Transport holen. Er rannte los. Voller Ungeduld warteten die beiden anderen auf seine Rückkehr.

Schon knackten Zweige, polterten Räder über den Sandweg. Sie hoben die Wiege auf den Ackerwagen. Kaum waren sie selbst hinterher geklettert, da raste das Gespann über den Berg, dass ihnen der Wind nur so um die Ohren sauste. Einer der Brüder, sonst kein Bangebüx, packte den Kutscher an der Schulter und rief: »Man immer sutsche, jage er doch nicht so!« Aber es war zu spät. Der Wagen neigte sich, krachte auf die Seite und die Brüder flogen durch die Luft. Sie wollten die Münzen einsammeln, die Wiege wieder hochwuchten, aber da war alles fort.

In gemäßigtem Tempo näherte sich ein anderer Wagen. Die Männer erkannten die eigenen Pferde und ihren Bruder. Die Höllenfahrt zuvor hatten sie wohl mit dem Teufel gemacht. Die Wiege hatte der Belzebub mitgenommen.

Noch manche Nacht weinte das Zwergenvolk um seinen Schatz.

Wo ist der Silberberg? Die Vögel wissen es, die Bäume seufzen im Wind. Vor langer, langer Zeit, war noch ein Zauber in der Welt.

Als Napoleon durch die Heide kam

Das erste Jahrzehnt des 19. Jahrhunderts brachte manches Ungemach über unsere Heidedörfer. Als Napoleon sich gegen das Britische Königreich stellte, war klar, dass das Land Hannover zum Austragungsort des Konflikts werden würde. Kontributionszahlungen, Kriegsfuhren und Einquartierungslasten drangsalierten die einheimische Bevölkerung. Während der Befreiungskriege waren in manchen Dörfern nacheinander Franzosen, Preußen und Russen einquartiert. Dramatische und oft tödliche Auseinandersetzungen waren an der Tagesordnung. Aber es gab auch allerhand merkwürdige und erheiternde Begebenheiten.

Der stärkste Mann in Winsen

In Winsen gefiel sich ein französischer Reiter darin, Sonderwünsche hinsichtlich seines Quartiers zu äußern. Er sei der stärkste Mann der Truppe und habe es daher verdient, bei dem stärksten Mann von Winsen Quartier nehmen zu dürfen.

Der Geschworene bezeichnete ihm den Hof des Hufschmieds Ludwig Gehle. Dort zeigte man dem Franzosen auch, wo er sein Pferd unterstellen könne. Der Stall sei seinem Pferde nicht angemessen, er wünsche etwas Besseres für das Tier! Unter anmaßenden, pampigen Reden führte der Mann das Pferd in Gehlens Stube und band es am Tischbein fest.

Meister Gehle nickte nur. Wenn er das so haben wolle?! Er pfiff seinen Gesellen herbei.

»Krischan, pack moal mit an und bring noch 'n Reep mit!« Der Gerufene stand seinem Meister an Körperkraft in nichts nach, eilte herbei und gemeinsam banden sie dem Franzosen die Hände auf den Rücken und sperrten ihn im Pferdestall ein.

Ludwig Gehle marschierte zum Kommandanten in den Gasthof Grindel. Der zuständige französische Offizier begleitete ihn zurück. Der lachte nur.

»Sieh an, unser Großmaul im Pferdestall! Da hat er wohl seinen Meister gefunden? Schaffe er Ordnung. Allons!«

Der hingebellte Befehl ließ den Reiter von da an kleine Brötchen backen.

»Gut für Kosak!«

In Pollhöfen waren Kosaken einquartiert. Anders als die Franzosen stellten sie keine Ansprüche an das Quartier. Gegen ein Stück Fleisch auf dem Teller hatten sie jedoch nie etwas einzuwenden, so fürchtete man im Ort um den Viehbestand. In weiser Voraussicht hatten die Bauern von Pollhöfen deshalb ihre Pferde im Wald versteckt. Nicht ein Pferd war im Ort zu sehen. Das erweckte Verdacht. Nicht lang, da entdeckten die Kosaken das Versteck im Wiehengrund.

Im Dorf wurden die schlimmsten Befürchtungen laut. Schon zogen die Quartiernehmer los, um sich dort die besten Hengste auszusuchen. Der Knecht, der dort Wache hielt, wurde durchsucht, und man fand bei ihm eine Taschenuhr. Zu der damaligen Zeit galt so etwas bei den Kosaken noch als Wunderwerk. Sie beschäftigten sich mehr mit der Uhr, als mit den Pferden.

»Gut für Kosak!«, bestimmte man dem Knecht.

Tja, die Pferde durfte man in Pollhöfen behalten!

Das Wietzenbruch

Das Wietzenbruch zwischen Celle und Hannover war ehemals ein Wald- und Sumpfland. Eine grüne Weite, durchzogen von Gräben und Tümpeln, noch nicht unterbrochen von Zäunen, Autobahnen oder

Schienensträngen. Ausgedehnte Auen und Niederungen boten Weidegrund für das Vieh ganzer Dorfschaften. Jedes Dorf hatte einen eigenen Kuhhirten, einen Schweinehirten und einen »Peerheier«, den Pferdehirten. Sie zogen am Morgen mit dem Vieh ins Bruch hinaus und brachten es am Abend zurück in das Dorf. Den Arbeitspferden gönnte man die gute Weide und ließ sie die ganze Nacht draußen, holte sie erst bei Bedarf am Morgen zurück auf den Hof. Nur in den ärgsten Wintern brachten die Bauern ihre Pferde am Abend in den Stall. Bei Wind und Wetter lebten die Tiere draußen, so blieben sie kräftig und gesund.

So manches Pferd hat den Geruch der Freiheit über Gebühr ausgekostet und war dann als Arbeitstier auf immer verdorben.

Hoy-Schimmel

Martha wollte eben die Hühner rauslassen, da stand er vor der Scheune. Er stand da, hocherhobenen Hauptes, Eiszapfen hingen unter seinem Kinn, die Tasthaare rund um Maul und Nüstern waren starr von Rauhreif. Sein Atem machte weiße Dampfwolken und sein Fesselbehang war verkrustet.

Hoy-Schimmel blieb immer öfter über Nacht verschwunden und stattete seinem Herrn nur sporadisch Besuche ab. Dann bekam er von Friedjof seinen Eimer Hafer, bedankte sich tief grummelnd, wie es so Art der Pferde ist, doch sogleich trabte er wieder von dannen. Ihm das Joch aufzuzwingen, ihm ein Geschirr anzulegen, das sollte weder Friedjof noch dem Altbauern jemals wieder gelingen. Sein Fell war zottig und dick, der Schweif reichte bis zum Boden. Doch auch für einen so verwegenen Gaul hatte das wilde Leben seinen Preis.

Im Winter war kaum ein Grashalm unter dem Schnee freizuscharren. In jener Zeit gab es Wölfe im Bruch. Immer wieder veranstalteten die Bauern Treibjagden, um sich und ihr Vieh zu schützen. Dieser Winter hatte die Wölfe hungrig und angriffslustig gemacht. In der Nacht hatte Hoy-Schimmel sie in der Ferne heulen gehört. Seine Nüstern hatten die lauernde Gefahr gewittert. Schon spürte er den heißen Atem der hechelden Bestien an seinem Hals. Er stieg, schlug wild um sich und kämpfte sich durch die Schneewehen, die ihm fast an den Bauch reichten.

Sein Instinkt ließ ihn Zuflucht auf dem Hoy-Hof suchen. Auch diesmal führte Friedjof ihn auf die Diele, rieb ihn kräftig mit Stroh ab, hielt ihm den Hafersack hin. Wie jedes Mal zeterte der Altbauer: »Scheet dat Deiert dot! Hei döcht nix, hei is to nix to bruken!« Aber Friedjof ließ den Schimmel gutmütig laufen.

So ging es viele Jahre. Kamen die Hirten in's Bruch, fanden sie seinen Dunghaufen jenseits der

Aue. Als Herdentier freute sich Hoy-Schimmel über Gesellschaft, aber niemals konnte der Peerheier ihn einfangen.

Ausgerechnet Friedjof musste eines Tages seinen Kadaver entdecken. Er war zum Holzeinschlag unterwegs, da sah er im Gestrüpp den toten Gaul. Er schien unversehrt, war wohl an Altersschwäche gestorben. Trotz aller Gefahren war Hoy-Schimmel mehr als dreißig Jahre alt geworden. Ein Glück, dass der Bauer allein unterwegs war. So sah niemand den Rotz und die nassen Augen. Friedjof riss sich zusammen: »Im Dode kannste wull moal nützlich ween!«, mit diesen Worten zog er sein Taschenmesser und trennte nicht nur Schweif und Mähne vom Pferdekörper. Rosshaar war gut, um Kissen und Matratzen damit auszustopfen. Auch über den guten Schinken würde Martha sich freuen.

Am Abend kam der Bauer jedoch so müde nach Hause, dass er den Sack nur auf die Diele packte. Er würde seine Martha am Morgen damit überraschen. Unerträglich schwer geworden war der Sack. Als Friedjof in die Schlafbutze stieg, grübelte er, ob es wohl ein Pferdeparadies gab. Naja, sicher für Ackergäule und Kutschpferde, aber für solch einen Herumtreiber? Der Bauer schmunzelte bei dem Gedanken, wie Hoy-Schimmel ihm jahrelang auf der Nase herumgetanzt war.

Am Morgen wollte er Martha den Beutel bringen, zog die Schnur auf, da quoll ihm statt Rosshaar reines Gold entgegen.

Seit Friedjof lebt heute schon die fünfte Generation auf dem Hof. Es ist der schönste und prächtigste im ganzen Dorf. Aber niemals ist einer dahintergekommen, woher die Hoy-Bauern ihren Reichtum haben.

Schäfer Mulhacken von Hambühren

Es war zu jener Zeit, als noch reger Schiffsverkehr auf der Aller möglich war. Ein Frachtschiff hatte Winsen und Oldau passiert, glitt im ersten Morgengrauen auf die Stelle zu, wo der Adamsgraben in den Fluss mündet. Just dort, im Knick, stak am Ufer ein Totenkopf auf einem abgeasteten Kiefernbaum und grinste mit hohlen Augen über das Wasser. Nebelschwaden legten sich wie ein Vorhang über die Wiesen, verwehten, tauchten alles in gespenstisches Licht. Der Bootsmann vermeinte eine klagende Stimme zu vernehmen: »Ick heb keen Been! Wo sünd mine Been!«

In allen umliegenden Ortschaften wurden polizeiliche Ermittlungen durchgeführt, jedoch hatte man einzig Kunde von einem Diebstahl, der sich in der Allerniederung ereignet hätte. Ein Kaufmann aus dem Hannover'schen klagte, ihm seien dort der Geldsack und sein Karren mit allen Waren geraubt worden. Durch Flucht hatte er allein das nackte Leben retten können. Die Ermittlungen dauerten noch an, da erschien der Schäfer Mulhacken aus Hambühren im Amtshaus. Er warf den unangetasteten Geldsack des Kaufherrn auf den Tisch und bezichtigte sich selbst einer grausigen Mordtat.

Auf seiner Wanderung mit der Herde habe ein Kerl sein Vesperbrot mit ihm geteilt. Ein Prahlhans, sei der gewesen, hatte auch den besten Wein, gutes Brot und mancherlei Tand mit sich geführt. Mulhacken hatte sich gewundert, wie ein Herumtreiber an solche Luxusartikel gekommen war. Da gestand jener Spötter, er habe einem arglosen Kaufmann aufgelauert. Mit einem Streich habe er den niedergestreckt und dessen Habe an sich gebracht.

Dem Gauner gelüstete es noch nach einem guten Braten. Sprach's, zog sein Messer und stach ohne weiteres ein Lamm aus Mullhackens Herde nieder. Als er dem Tierlein den Kopf abtrennte, packte Mulhacken die Wut. Nach eigener Aussage haute er mit dem Schäferbeil auf ihn ein: »Da glotzt er nun mit leeren Augen über das Wasser!«, sprach Mulhacken.

Die Rufe des Gemeuchelten quälten den Schäfer aber jede Nacht: »Ick heb keen Been, wo sünd mine Been!«

Ostheide

Der Herzogsbrunnen

Eine knappe Stunde läuft man durch den Hochwald, dann kommt man südlich von Ummern an einen Wegweiser, der zum Herzogsbrunnen weist. Und tatsächlich gibt es mitten im Forst eine Quelle. Den Menschen in der Gegend war es immer wichtig, die Quelle und die ersten Meter des Bächleins Schwarzwasser kenntlich zu machen und den Platz zu pflegen.

Herzog Georg Wilhelm begeisterte sich für Kunst und Kultur. Doch neben der Liebe zu seiner französischen Gemahlin galt seine besondere Leidenschaft der Jägerei.

Zu seiner Zeit wurden große Hofjagden in der Lüneburger Heide veranstaltet. Als Ehrengast hat sogar der englische König diesen Ereignissen mehrmals beigewohnt.

Geselligkeit und höfischer Zwang waren eine Sache, die Einsamkeit der weiten Landschaft, die Abgeschiedenheit der Wälder mochte Georg Wilhelm auch gern für sich allein genießen. Einmal wollte er sich wieder davonmachen, als Herzogin Eleonore kundtat, auch sie brauche dringend Waldluft.

Eleonore sollte in wenigen Wochen niederkommen und keinesfalls wollte der Heideherzog das Wohl von Mutter und Kind gefährden, so lehnte er ihre Begleitung ab. Doch sie mochte nicht ohne ihn sein und bat so inständig, er möge sie doch mitnehmen, dass er schließlich nachgab.

Sie hatten vor fast einer Stunde die letzte Ortschaft passiert und befanden sich im dichten Forst, als die Herzogin stechende Schmerzen verspürte und ahnte, die Geburt des Kindes stünde unmittelbar bevor. Es war viel zu früh, auf die Situation waren sie nicht vorbereitet. Das komfortable Jagdschloss Weyhausen würde die Herzogin in ihrem Zustande nicht erreichen. Das Schloss in Celle lag weit entfernt.

Der Landesvater geriet in große Bedrängnis. Gerade schaffte es das herzogliche Paar, in einer nahegelegenen Hütte Zuflucht zu finden.

Georg Wilhelm schickte einige Bediente los, sie sollten in den umliegenden Dörfern um Hilfe bitten. Das Gefolge machte sich auf den Weg. Sie ritten nach Pollhöfen, Ummern, Hohne und Spechtshorn.

Die Frauen aus den Dörfern ließen es nicht an Hilfe mangeln, schafften Wein und Bier und sauberes Leinzeug herbei. Sie brachten eine kräftige Suppe und Gebäck für die Wöchnerin. Vor allem aber kannten sie das Brünnlein, das dem Schwarzwasser zufloss. Die Frauen wurden es nicht müde, Mutter und Kind mit frischem Quellwasser zu versorgen.

Das Wohl der herzoglichen Familie lag einzig den Bauern aus Hohne nicht am Herzen. In

Ihrer Stumpfheit schickten sie keine Speisen, keine Wäsche, keine Glückwünsche.

Als Eleonore wieder bei Kräften war, bat sie ihren Gemahl, den Menschen in den besagten Dörfern ein großzügiges Dankeschön zukommen zu lassen.

So trug es sich zu, dass die Orte Ummern, Spechtshorn und Pollhöfen für alle Zeiten von ihren Abgaben befreit wurden. Auch erhielten die Leute aus Ummern die Erlaubnis, dem staatlichen Forst Holz zu entnehmen.

Möchte der Wandernde einmal nach Hohne und fragt in den genannten Dörfern nach dem Weg, dann lautet die Antwort:

»Watt för'n Hohne? Wo schall dat ween?«

Dannenberg

Dannenberg – wo ist das denn? Das ist doch winzig, oder? Ja, es liegt in einer dünnbesiedelten Gegend am östlichen Rand der Lüneburger Heide. Ausgerechnet hier, in Dannenberg, fand das Schicksal von drei historisch bedeutenden Personen seine dramatische Vollendung. Heute ist von der ehemaligen Festung nur noch der Turm erhalten. Er beherbergt ein Museum. Gezeigt wird dort ein Verließ mit einem Abort, Königsloch genannt.

Der Waldemarturm

Im Winter 1223 eskalierte ein Streit der Grafen von Holstein und Schwerin mit dem König von Dänemark. Der Dänenkönig beanspruchte Besitzungen an der Mittelweser und im Lüneburger Land. Erzürnt und in Eintracht mit Kaiser Friedrich II. nahm Heinrich von Schwerin König Waldemar gefangen. Gemeinsam mit seinem Sohn musste dieser bis 1225 in der Festung Dannenberg schmachten.

Was brachte den königlichen Gefangenen die Freiheit wieder? Eine Lösegeldzahlung und eine Zusicherung Waldemars, auf das Land zwischen Eider und Elbe zu verzichten. Damit nicht genug, wurde Handelsfreiheit in ganz Dänemark für die Kaufherren von Hamburg und Lüneburg vereinbart. Das bedeutete Aufwind für die Hanse, es war eine Freude für Kaiser und Sachsenfürsten.

Waldemars Verließ, wie ist es schaurig eng! Huh, hier hat er gethront, der Dänenkönig?

Im 18. Jahrhundert wurde erneut ein Däne in jenem Turm gefangen gehalten. Dazu führten Ereignisse im Spanischen Erbfolgekrieg. Ein bedauernswerter Diplomat kauerte hier gar zehn Jahre!

Eleonore Prochaska
Es blüht eine Blume im Garten mein

Ganz Europa litt unter der Faust Napoleons. Die Fremdherrschaft war eine schlimme Bedrückung.

Das erfuhr auch Eleonore Prochaska. Sie wurde 1785 in Potsdam geboren. Ihr Vater war Unteroffizier und Militärmusiker in der Preußischen Armee. Eleonore hatte das musikalische Talent ihres Vaters geerbt. Sie spielte die Flöte und gab gemeinsam mit ihrem Vater Konzerte.

Ungeachtet jeder körperlichen Konstitution strebten auch die Schwächsten danach, Europa von Napoleon zu befreien. Seite an Seite mit altgedienten Veteranen kämpften junge Burschen, die kaum das Mannesalter erreicht hatten. Unter den Freiwilligen befanden sich so einige Bübchen. Einer von ihnen, August Renz, er schien besonders zart, wurde in das Lützower Freikorps übernommen. August zog mutig und tapfer in den Kampf. Nicht nur als Trommler verschaffte er sich Gehör im Regiment. Er war musikalisch wie kein Zweiter und seine Kochkunst wurde von den Kameraden hochgelobt.

In der Schlacht an der Göhrde fanden Kochen und Musikmachen ihr Ende. Bei dem Versuch, einen Verwundeten aus der Schusslinie zu tragen, wurde August selbst schwer verwundet. Als ihn die Kartätsche traf, rief der vermeintliche Junge: »Herr Lieutenant, ich bin ein Mädchen!« August Renz war die Eleonore Prochaska aus Potsdam.

Eleonore wurde noch drei Wochen in einem Bürgerhaus in Dannenberg gepflegt. Vergeblich, sie starb dort im März 1813 mit nur achtundzwanzig Jahren.

Schon früh wurde die Heldin der Befreiungskriege in literarischen Abhandlungen gefeiert.

Der Wiener Kongress im Jahre 1815 brachte den Dramatiker Friedrich Leopold Duncken und den Komponisten Ludwig van Beethoven zusammen. Duncken schrieb ein Drama über Eleonore, es gilt als verschollen. Die dazu komponierte Schauspielmusik von Beethoven erfreut uns noch heute.

Wurden die Künstler Eleonore gerecht? Man überhöhte die Weiblichkeit der Prochaska. War sie auch tollkühn – Kampfesmut und Unbeirrbarkeit galten als maskuline Attribute. Eleonores Verhalten war in der damaligen Weltanschauung schockierend. Galten schon flötenspielende Frauen als unfein, so sah man es gar als obszön an, wenn ein Weib das Schwert führte.

Beethoven »verHerrlichte« die Prochaska mit der Arie »Es blüht eine Blume im Garten mein«. Er komponierte sie für den Sopran. So huldigte der Maestro dem idealen Mädchenbild.

Dabei soll das Blümchen geflucht haben wie ein Kesselflicker. So erzählte man im Kreise ihrer Kameraden.

In Potsdam gibt es eine Erinnerungsstätte an Maria Eleonore Christine Prochaska.

Eine Gedenktafel ist an ihrem Sterbehaus zu finden. In der Langen Straße – natürlich in Dannenberg!

Sie ist gar nicht so platt, unsere Lüneburger Heide. Überall hat die letzte Eiszeit ihre Spuren hinterlassen. Ein Geschiebe aus Granitstein hat den Weg von Norwegen hierher geschafft und uns den Höhenzug des Drawehn beschert. Steinformationen in der sonst ebenen Fläche wirkten mystisch und gaben der Fantasie Nahrung.

Ein geschütztes Naturdenkmal sind …

Die Brautsteine von Schmölau

Zwei Steine liegen nah bei Schmölau. Ein aufrechter Stein, stehend und tief in der Erde verankert, und liegend der andere, so wie eben hingepurzelt. Sie sind nah beieinander und doch getrennt, denn zwischen ihnen verläuft die Dorfgrenze.

Einst war es einem Mädchen aus Niewelitz bestimmt, einen Bauernsohn aus dem benachbarten Schmölau zu heiraten. Oder war der Bräutigam aus Niewelitz, die Bauerntochter aus Schmölau? Wer weiß das schon! Nur eines ist sicher überliefert: Der Bräutigam holte das Mädchen mit der Kutsche ab. Just als der Wagen die Dorfgrenze erreichte, rief die Zaudernde: »Ich möchte lieber für immer versteinern als zu heiraten!«, mit diesen Worten stürzte sie sich aus der Kutsche und wurde in der gleichen Sekunde zu Stein. Der Jüngling sprang an der anderen Seite ab, wollte ihr aufhelfen, doch auch dieser erstarrte zu einem Granitblock.

Oder hat sie gerufen, ich heirate dich nicht, du hast ein Herz aus Stein? Oder womöglich rief sie, wer heiratet, versteinert? Nicht doch! Waren schon vor der Ehe versteinert, alle beide.

Du fragst warum? Ein Handwerker oder ein Handelsmann durfte sich nie erfrechen, ein Bauernmädchen zu heiraten. Eine Bauerntochter heiratete nur einen Hoferben. Liebe hin, Liebe her. Wer sollte da nicht versteinern! Bauernstolz.

Das Postwesen in der Lüneburger Heide

Das Postwesen hierzulande hat eine ähnlich spannende Geschichte wie der legendäre Pony-Express in den USA. Wenngleich unser Postwesen auf eine viel ältere Tradition zurückblicken darf.

Der Hofagent unseres letzten Celler Herzogs, Francesco Maria Capellini, genannt Stechinelli, seines Zeichens auch Drost, Immobilienmmakler und eben Generalerbpostmeister, hat im 17. Jahrhundert das Fundament gelegt.

Zwischen Aller und Elbe lagen die Postwege wie zwei Spinnennetze über dem Land. Deren eines Zentrum bildete Lüneburg, das andere Celle, am Südrand der Heide. Sternförmig liefen, von Celle ausgehend, fünf Routen in andere Städte.

Stechinelli hatte allen Stationen Krugwirtschaften angegliedert, um den Reisenden Erfrischungen oder Übernachtungsmöglichkeit zu bieten. Es gab Stallungen für Vorspann- und Ersatzpferde, es gab eigene Gemüsegärten und oft auch eine Schmiede und Stellmacherei vor Ort. Die Wegverhältnisse waren recht übel und Radbruch oder Achsbruch waren an der Tagesordnung. Selbst Raubüberfälle gab es. So eine Reise war vor dreihundert Jahren ein echtes Abenteuer. Nicht nur im Wilden Westen, auch in der Lüneburger Heide.

Die Verwalter der jeweiligen Stationen hatten die Aufgabe, die Taxe für Sitzplatzreservierung, Brieftransfer oder Beförderung von Waren und Gepäck zu kassieren.

Richtung Lüneburg gab es Rastmöglichkeit auf Station Schafstall und in Ebstorf.

Die Station Schafstall lag südlich von Lutterloh, inmitten der Starkshorner Heide. Das Gebiet war Wolfsland, ist es heute wieder, und war seit jeher hochfrequentiert von Rotwild. Ganz nah, im Lüß, befindet sich der Urwald Süll. Ende des 18. Jahrhunderts plante die Landesregierung eine neue Chaussée nach Uelzen. Daraus folgte eine Verlegung der Poststation Schafstall in das nächste Dorf.

Johann Heinrich Lichtenberg hatte die Station in dritter Generation als Verwalter geleitet. Schafstall war ein lehnsfreies Gut und der Posten wurde in Erbpacht vergeben. Was hatte er hier, inmitten der weiten Heide, nicht alles erlebt! Mit dem Bestand von zwölf Pferden, allen Bedienten und mehreren Kutschen wurde der Umzug geplant.

Johann Heinrich trug schwer daran. Der neu zugewiesene Platz behagte ihm nicht. Wenn es am Abend ruhig wurde in der Gaststube, wenn alle ausgespannt hatten, die Pferde in den Stallungen zufrieden in ihre Haferration bliesen, dann ritt Johann Heinrich noch einmal hinüber in seine Waldeinsamkeit Gut Schafstall.

Noch heute erzählt man sich in der Gegend, bei Schafstall ist es nicht richtig, da gehen sie um. In mondhellen Nächten soll man sie antreffen …

Die Geisterkutsche vom Süll

Eine Geisterkutsche! Uuh, die möchte jeder Heidefahrer gern sehen. Doch traut sich jemand hinaus in die Nacht? Wagt es einer, dem Geheul der Wölfe zu folgen? Dorthin zu gehen, wo Wildschweinrotten herumstöbern und sich jede Wagenspur im Dunstschleier der Nacht verliert?

Bei Mondschein mag ein Verwegener an der Station Schafstall ausharren. Um Mitternacht soll sie jeweils abfahren, die Geisterkutsche vom Süll.

Die Reisenden verlassen die Gaststube nach und nach. Herren mit gepudertem Zopf und in Kniehosen, Damen mit ausladenden Kleidern und hochgetürmten Frisuren schicken sich an, die Kutsche zu erklimmen.

Will der Beobachter einem Herrn gute Reise wünschen und ihm die Hand schütteln, dann greift er ins Leere. Möchte er einer Lady beim Einsteigen behilflich sein, dann blickt diese durch ihn hindurch. Der Neugierige beobachtet, wie der Postillion das Horn ansetzt, doch kein Ton dringt an sein Ohr. Er sieht, wie die Pferde dampfen, wie die Peitsche ihre Kruppen berührt, wie sie anziehen, den Peitschenknall aber hört unser Freund nicht. Er vernimmt kein Hufgetrappel, hört nicht das Knarzen der Deichsel, das Klirren der Geschirre und das Schnauben der Pferde.

Schaukelnd zieht die Kutsche davon. Sie hinterlässt keine Spuren im Heidesand.

Eine Wolke verdunkelt den Mond, die Wölfe heulen. Mit hochgestelltem Mantelkragen verschwindet auch Johann Heinrich im Kieferngrund.

Bauer und Kaiser aus Lutterloh

Es gibt Sagen und Geschichten, die einen gemeinsamen Kern haben. Allerdings haben sie durch unterschiedliche Überlieferungen eine abweichende Form erhalten. In dieser Erzählung werden zwei Varianten wiedergegeben.

Der Sachsenherzog Lothar von Süpplingenburg, einst König und später Kaiser im Heiligen Römischen Reich, wurde vor über 900 Jahren in Lutterloh bei Celle geboren.

Seine Mutter befand sich auf Reisen, als die Geburt einsetzte. Ihr Sohn wurde auf einem der beiden Höfe geboren, aus denen das Dorf bestand. Da es in der Nähe keine Kirche gab, das Kind aber getauft werden sollte, reiste man weiter nach Gerdehaus. In der dortigen Kapelle bekam der Hochwohlgeborene den Namen Lothar. Aus Dankbarkeit für die Aufnahme zur Niederkunft bekam der Hof Nummer Zwei in Lutterloh, auch Behrenshof genannt, eine immerwährende Steuerfreiheit geschenkt.

Die eine Sage erzählt von einem Streit zwischen den beiden Hofbesitzern des Ortes. Es muss wohl schon die nächste Generation gewesen sein, denn Lothar III. hatte schon ein gekröntes Haupt.

Der Bauer von Hof Nummer Eins war neidisch, weil nur er Abgaben zahlen musste. Um seinen Nachbarn arg zu kränken, sagte er: »Du kannst ja noch nicht mal deinen König bezahlen!«

Tief getroffen bat der Besitzer von Hof Nummer Zwei daraufhin den Kaiser, ihm die Steuerfreiheit wieder wegzunehmen. So geschah es, und dabei blieb es für alle Zeiten.

Die andere Erzählung spricht ebenfalls von der Abgabenfreiheit. Diese hielt so lange an, bis im 16. Jahrhundert Herzog Ernst der Bekenner in Celle einen neuen Steueramtmann bekam. Als Letzterer die Bücher prüfte, fiel ihm auf, dass der Behrenshof in Lutterloh keine Steuern bezahlte. Hernach belastete er den Hof mit Abgaben, welche umgehend beglichen werden sollten.

Der Bauer weigerte sich und sagte: »Mein Hof und mein Land sind frei nach dem Rechte der Väter.«

Um für sein Privileg einzutreten, machte er sich auf den Weg zum Celler Schloss. Dort berichtete er Herzog Ernst, dass sein Hof schon seit Jahrhunderten steuerfrei wäre, seine Vorfahren hätte diese Kunde fortwährend an jede folgende Generation weitergegeben. Als Grund gab er den dortigen Geburtsort von Kaiser Lothar III. an und das zu diesem Zeitpunkt gegebene Versprechen. Da der Kaiser ein ruhmreiches Andenken hinterlassen hatte, war der Herzog geneigt, diese Angelegenheit wohlwollend prüfen zu lassen. Der Steueramtsmann musste die Bauern vor Ort befragen, vor allem aber die alten Leute. Alle bestätigten, dass jede Geschlechterfolge von der Abgabefreiheit des Behrenshofes berichtet hatte. Das gefiel Ernst dem Bekenner. Er gab den strengen Befehl, dass der Hof Nummer Zwei seine Steuerfreiheit auf ewig behalten solle. Zudem musste die ganze Geschichte der Geburt des Kaisers in Lutterloh in den Büchern aufgeschrieben werden. Fortan konnte sich der Herzog bei seinen Besuchern damit rühmen, dass in seiner Nähe einst ein berühmter Kaiser geboren worden war.

In den Sagen hat jede Pflanze, jede Farbe, jedes Tier eine Bedeutung. Dass Hexen und schwarze Katzen gern beieinander sind, ist bekannt, und stehen nicht beide für die Freiheit? Beide sind sie Wesen der Nacht und lieben die Heimlichkeit. Den Germanen galt die weiße Katze als heiliges Tier. Sie zog den Wagen der Mondgöttin Frigga, Hüterin des Herdfeuers, der Ehe und der Mutterschaft. Man schrieb ihr Reinheit und Unschuld zu. Ganz ähnlich sieht die ägyptische Mythologie die Katzengöttin Bastet als Beschützerin aller Schwangeren. Sie ist die Tochter des Sonnengottes Re und steht ebenso für Musik und Tanz.

Man sagt, eine weiße Katze überträgt ihre magischen Kräfte auf den, der sie gut behandelt. Aber wehe dem, der ihr ein Leid zufügt!

Wer eine Katze ertränkt, ertränkt sein Glück.

De Kattensteg

Zwischen Suderburg und Hösseringen verläuft ein Pfad, den die Leute den Kattensteg nennen.

Mysteriöse Begebenheiten an diesem Katzenweg lehrten die Menschen das Schaudern, so mieden die Dorfbewohner jene Stelle. Hielt sich doch jemand für unerschrocken genug und tappte gegen Mitternacht Richtung Kattensteg, so gewahrte er weiß gewandete Jungfrauen, die sich am Rande der Wiese versammelten. War diese aus Suderburg dabei? Oder jene aus Hösseringen? Das konnte niemand sagen, denn kaum hatte ein Mädchen den Wiesenrand erreicht, verwandelte es sich in eine weiße Katze. Jede dieser weißen Katzen wiegte und drehte sich. Gelöst und glückselig tanzten sie im Mondenschein. Nach einer Stunde verschwanden die Gestalten. Alles geschah ohne Harm und Arg, bis zu jener unheilvollen Begebenheit.

Eines Tages, im Morgengrauen, fand jemand eine der weißen Katzen. Lang hingestreckt lag sie im Grase, war mausetot. Man hätte dem keine Bedeutung beigemessen, doch starb am gleichen Tage ein blühendes Mädchen aus Suderburg.

Das Mädchen Heiderose und der Troll

In Oldendorf befindet sich die Gast- und Schankwirtschaft Stoltenhof. Beides liegt im Kirchspiel

Suderburg. Einst kamen dort viele Leute aus nah und fern vorbei, da eine alte Heerstraße bis hin nach Lüneburg führte. In dieser Gastwirtschaft soll einmal ein reisender Musikant aus dem Süden übernachtet haben. Er hatte schwarze Augen und ebensolche Haare. Seine gebräunten Hände konnten wunderbar auf der mitgebrachten Fiedel spielen. Niemand ahnte, dass der Fremde ein Zauberer war, damals auch Troll genannt.

Die Wirtsleute hatten eine wunderschöne Tochter namens Heiderose. Sie hatte blonde Haare und blaue Augen. So ein hübsches Geschöpf hatte der Zauberer noch nie gesehen und augenblicklich war er in sie verliebt. Er machte ihr einen Heiratsantrag und sprach davon, sie mit in seine sonnige Heimat zu nehmen.

Die junge Frau mochte den Reisegast überhaupt nicht leiden und lehnte den Antrag ab. Sie sagte ihm, dass sie im Stoltenhof bleiben und einen Burschen aus der Umgebung heiraten wolle. Daraufhin bat der Troll um eine Haarlocke von ihr, als Erinnerung an die hübsche Frau aus der Heide.

Heiderose suchte ihre Mutter, um nach Rat zu fragen. Diese befand sich im Keller und war dabei, das in allen Häusern gebräuchliche große Haarsieb zu säubern. Die kluge Wirtin riet ihrer Tochter ab, die eigenen Haare zu verschenken. Stattdessen gab sie ihr eine Handvoll Haare aus dem Sieb. Erleichtert steckte das junge Mädchen diese in einen Stoffbeutel und brachte ihn dem Fremdling.

Erfreut nahm er diesen an sich, legte sich schlafen und verließ am frühen Morgen die Gastwirtschaft. Nach einer guten Wegstrecke hielt der Troll an, um seine Zauberkunst anzuwenden. Er spannte die vermeintlich von Heiderose stammenden Haare als Saiten auf seine Fiedel und fing an zu spielen.

Der Zauber besagte, dass derjenige, von dem die Haare stammten, ihm für immer folgen musste. Der Musikant hielt bei seinem Spiel sehnsüchtig Ausschau nach dem hübschen Heidemädchen. Es kam aber nicht. Stattdessen wirbelte das große Haarsieb vom Stoltenhof mit großer Geschwindigkeit auf den Troll zu. Es rollte so heftig an ihm bis zur Brust hinauf, dass er hinten über fiel und sich an einem Stein das Genick brach. Seitdem heißt die Gegend Trollkamp.

Raum Hermannsburg

Am Rande des großen Waldgebietes Raubkammer, befand sich der freie Sattelhof Stübeckshorn. Es ist dies die Geburtsstätte des Hermann Billung.

Die Chronik des Hofes, so will man es in der Heide wissen, erzählt, wie es zum Aufstieg des Bauernjungen Hermann kam.

Die Sage von Stübeckshorn

Kaiser Otto der Große befand sich auf Reisen. Hier, am Verlauf der alten Heerstraße zwischen Lüneburg und dem Elbübergang Artlenburg galt es, das Sachsenland gegen die Slawen zu verteidigen. Man war zwei Wegstunden vor Soltau, da erfrechte sich der kaiserliche Zug ein Feld von Stübeckshorn zu durchqueren. Hermann, der Sohn des Meiers, hütete hier gerade die Schafe. Er fürchtete, die Wagen und Pferde der Soldaten würden das Feld ruinieren. Drohend schwang der Junge den Hirtenstock mit seinem kleinen Beil und stellte sich so dem Kaiser unerschrocken entgegen.

»Ei, wer sein Land so tapfer zu verteidigen weiß, der hat es verdient ein wahrer Edelmann zu werden!«, sprach der Kaiser.

Otto zog gegen Rom, blieb gar fünf Jahre aus. Kein anderer als Hermann hat in dieser Zeit das Land verwaltet. Er zeigte sich so rechtschaffen und klug, dass der Kaiser Hermann von Stübeckshorn zum Herzog machte. Sein Wappen zeigte einen blauen Löwen in einem goldenen Feld. Hermann bezog eine Burg auf dem Kalkberg in Lüneburg. Er gründete das Kloster Sankt Michaelis.

Hermann selbst starb Ostern im Jahr 973 in Quedlinburg. Doch über vier Generationen haben die männlichen Nachkommen des Hermann Billung aus Stübeckshorn das Land an der Elbe regiert.

Die Falsche Heide

Die Falsche Heide zieht sich vom Mühlenbruch bis zum Gildebusch. Es ist ein schmales Handtuch von wenigen Morgen. Man kommt vorbei, wenn man von Weesen auf den Einzelhof Lutter zugeht. Da sinniert man, wie die Falsche Heide zu ihrem Namen kam. In Weesen erklärt man es so:

Heidemarie auf dem Lutterhof mochte sie beide, diese Brüder. Der ältere hatte Grübchen, war frech und immer lustig. Still und sanft war der andere, und der war ihr bester Zuhörer. Keinen mochte die Heide fortschicken, nur begegnen durften sie einander nicht, dafür wollte die Heide schon sorgen.

Es kam der Abend, da die Sonne nur noch ein abgeschnittener Knust über dem Horizont war. Glut färbte den Himmel, brachte das Blütenmeer zum Strahlen und Pulsieren.

Der Jüngling schritt weit aus. Die Schöne erwartete ihn heute nicht, aber wann sollte er zu ihr, wenn nicht an einem solchen Abend?

Zweige knackten. Der Eichelhäher schrie. Ach?! Sein Bruder folgte ihm auf dem Pfad zum Lutterhof: »Wohin gehst du?«

»Ich geh eben.«

»Sie sind alle ganz feine Mädchen. Die Lisa-Trin, die Erika, die Monika …«

»Dann geh doch hin!«

»Du gehst zur Heide, nicht wahr?«

»Ich geh eben!«

Da griff sein Bruder hinter ihm einen Knüppel und schlug ihm den auf den Kopf. Da lag er tot im Rot der Heide.

Erzählt man das in Lutter ganz anders? Dat mach woll ween.

Von den Heidebächen und der Perlmuschel

Es muss vor dreihundert Jahren unfassbar viele Flussperlmuscheln gegeben haben, das zeigen unzählige Exponate in Adelshäusern und Klöstern. Süßwasserperlen wurden zu Schmuck verarbeitet, man verwendete sie aber auch in der Textilkunst. Geerntet wurden die Muscheln unter strenger Aufsicht. Die Perlfischer durchliefen eine Ausbildung und die Ausbeute war einzig dem Adel und den Klöstern vorbehalten. Streng bestraft wurde jeder Diebstahl, und Wachen patrouillierten an den Flussufern. Die Tiere blieben nach dem Entfernen einer Perle am Leben, Raubbau wurde erst in neuerer Zeit getrieben.

Schnuckenwirtschaft und Imkerei bestimmten die Existenz der Höfe. Die kargen Böden eigneten sich kaum für den Ackerbau. Für eine mögliche Ertragssteigerung hatte man Moore trockengelegt, Flüsse und Bäche begradigt. Entwässerungsgräben und

Rieselwiesen wurden angelegt. Das Fluten der Wiesen brachte Stickstoffeintrag und guten Dünger.

Doch damit verschlammten auch die einst glasklaren Heidebäche. Schlick überzog den Kiesgrund, nahm dem Wasser jeglichen Sauerstoff. Das empfindliche Ökosystem wurde gestört. Verschiedene Libellenarten, Elrizen, Bachforellen und Kraniche blieben aus, nun fanden sie keine ausreichenden Lebensbedingungen mehr. Ganz und gar dezimiert wurde der Bestand der Flussperlmuschel. Die Muschel braucht klares Wasser, einen Kiesgrund mit Höhlen und Lücken zwischen den Steinen. Auch bedarf sie der Bachforelle, in deren Kiemen die Muschellarven heranwachsen, übrigens ohne ihren Wirt zu schädigen.

Wie viele andere Heidebäche war die Lutter 1980 nur noch ein lebloses Rinnsal ohne Uferbewuchs.

Seit 1989 fördern Bund und Land das Großprojekt »Renaturierung der Heidebäche«. Besondere Anlagen fangen Sand und Schlamm auf. Forellen und Elrizen werden gezielt angesiedelt. Das Einschütten von Kies bereitet der Muschel ein neues Zuhause. Das heutige Naturschutzgebiet Lachte / Lutter umfasst 25 Quadratkilometer, bietet inzwischen den europaweit größten Flussmuschelbestand, mit aufsteigender Tendenz.

Eine Flussmuschel kann über hundert Jahre alt werden. Verfängt sich ein Fremdkörper in ihrem Inneren, so bildet die Muschel eine Überwallung aus Perlmutt. Bis daraus eine brauchbare Perle entsteht, vergehen sechzig bis siebzig Jahre. So ist der heutige Muschelbestand in unseren Bächen zu jung, um darin Perlen zu finden, denn die Muscheln heute sind kaum dreißig Jahre alt.

In den vergangenen Jahrhunderten war das forcierte Züchten der Perlen noch unbekannt, daher hatte die echte Perle einen Stellenwert, der den von Gold und Diamanten übertraf. Perlen waren geheimnisumwoben. Man nutzte sie für wundersame Rezepturen, da man ihnen Zauberkräfte zuschrieb.

Der Eisvogel

Dora betrachtete den winzigen Eisvogel auf dem Stickmustertuch. Eine Flussperle war dem Vogel als Auge eingestickt. Es hieß, das Tuch sei bei der Haushaltsauflösung auf einem Bauernhof aufgetaucht. Der Fund war ein Glücksfall für das Museum. Man plante eine Ausstellung über Kleider und Textilkunst der Landbevölkerung. In Glasvitrinen sollten Hauben und Leibchen, Schürzen, handgewebte Tischwäsche und Küchentücher präsentiert werden. Doras Aufgabe als Restauratorin war, die ausgewählten Teile auf Schäden zu untersuchen und alles passend herzurichten. Ihre

Freundinnen hatten oft über ihren Beruf gespottet: »Wie kann man sein Leben damit zubringen in alten Lumpen zu wühlen?«, das bekam sie ständig zu hören.

Die hatten keine Ahnung. Dora empfand ihren Beruf als spannend. Die Beschäftigung mit den alten Teilen erforderte manchmal kriminalistischen Spürsinn. Auch diesmal galt es, ein Rätsel zu lösen.

Stickmustertücher waren bis vor einem Jahrhundert die Arbeitsanleitungen, quasi Merkzettel, junger Mädchen. Alle Sticharten für das Nähen und Sticken, von Kreuzstich bis Kettenstich, von Knopfloch bis Briefecke, waren als Übung für ungelenke Kinderhände in so ein Tuch eingearbeitet. Das Werkstück war eine Vorlage für die spätere Hausfrau. Die eingestickten Bilder zeigten biblische Szenen oder auch naive Darstellungen aus der bäuerlichen Arbeitswelt. Über Jahre, während der ganzen Mädchenzeit, wurde fleißig daran gestichelt, bis es mit den Ballen von selbstgewebtem Leinen, Stricksocken, Leibchen, Geschirrtüchern und Bettwäsche in die Aussteuertruhe gepackt wurde. Die Mustertücher wurden das ganze Frauenleben hindurch gehütet wie ein Schatz. Sie wurden von Generation zu Generation weitervererbt. Heute galten solche Mustertücher als Raritäten.

Dora konnte das Stück genau zuordnen. Der in Kreuzstich gestickte Name »Alina Margarethe Bornemann, 1584« prangte in einem Bogen über den Stickbildern. Genau über dem höchsten Punkt des Namenszuges prangten zwei Eisvögel. Filigran ausgearbeitet im Knötchenstich das türkis-orangene Gefieder und der lange Schnabel. Aber halt! Die Augen der Vögel waren aufgenähte Flussperlen. Das war eine Sensation! Das warf Fragen auf. Den Bauern war es über Jahrhunderte lang verboten gewesen, gefundene Perlen für sich zu beanspruchen. Eine jede musste an die Landesherrschaft abgegeben werden und die Heidebäche wurden streng bewacht. Woher hatte Alina Bornemann, ein einfaches Bauernmädchen, diese Kostbarkeit? Man müsste die Hausakte und Familiengeschichte des Hofes Bornemann erforschen, das Lehnsregister des Dorfes zu Rate ziehen. Allein das Motiv, der Eisvogel, passte so gar nicht in die Tradition der bäuerlichen Textilkunst. Und seltsamerweise war in der Kirche des Heimatortes der Alina Bornemann exakt das gleiche Motiv auf einem Altartuch gefunden worden. Das Monogramm, der Stil, die Wahl der Stickgarne, alles wies auch in diesem Fall auf Alina Bornemann hin. Wie konnte eine Bauerntochter der Kirche eine so kostbare Gabe hinterlassen?

Die Kollegen verließen nach und nach die Werkstatt: »Feierabend, Dora! Du verdirbst dir die Augen.«

Aber Dora saß wie gebannt an ihrem Fensterplatz. Schon fing ihre Lupe das Mondlicht ein, es spiegelte sich in der winzigen Perle.

Dora blinzelte, schaute – da plötzlich erstand auf der schimmernden Oberfläche die kleine Welt der Alina Bornemann. Oder waren Alina und ihr ganzes Dorf in dieser Perle verborgen? In sich trug die Flussperle das Plätschern des Heidebaches. Sie barg den Maiglöckchenduft der grünflirrenden Ufer, die samtige Oberfläche der bemoosten Steine.

Da war Lina. Sie ging zum Holzsteg, spülte ihre Wäsche und setzte sich auf die Planken. Die Füße ließ sie ins Wasser baumeln. Blüten taumelten mit der Strömung. Sonnenkringel tanzten auf dem Wasser, das so klar war, dass man jeden einzelnen Kiesel am Grunde des Baches ausmachen konnte. Wie oft hatte sie mit Matthies dem scheuen Eisvogel beim Fischen zugeschaut.

Matthies, der zweite Sohn vom Frerkhof, konnte Kunststücke. Er konnte mit gekrümmten Zehen verknubbelte Perlmuscheln vom Bachgrund aufheben. Er stand auf einem Bein im Wasser, hob die Muschel mit dem rechten Fuß, gab sie in die linke Hand und ließ sie in einem umgehängten Körbchen verschwinden. Einmal hatte er für Lina ein verlassenes Eichhörnchen aufgepäppelt. Im Winter war er der einzige Junge, der auf dem zugefrorenen Dorfteich Pirouetten drehte. Aber Eichhörnchen und Schlidderpartien gehörten in ihre Kinderzeit. Wenn sie sich nun trafen, murmelte er an Linas Wange vom Perlschimmer ihrer Haut, flüsterte in ihre Locken, die er mit eingerollten Farnwedeln verglich.

Eines Tages gab er ihr das Pfand, mit dem er ihr versprach, bald genug zu verdienen, um für sie beide ein eigenes Heim zu schaffen. Matthies arbeitete als Schäfer auf dem Hof seines älteren Bruders. Er durfte sich dort auch ein paar eigene Schnucken halten, die Wolle oder das Fleisch auf eigene Rechnung verkaufen, eine eigene Zucht aufbauen. Er schnitzte Holzschuhe, er fischte Perlmuscheln für den herzoglichen Hof. Aber es würde noch Jahre dauern, bis genug Geld für ihr gemeinsames Leben beisammen wäre. Nun dieses Pfand! Vier klitzekleine Perlen legte er in Alinas Hand. Winzige Perlen, doch es war eine leichtsinnige Gabe. Niemand durfte die Flussperlen für sich behalten. Wie auch der Fischbestand des Lutterbaches standen die Muscheln und Perlen ausschließlich dem Landesherrn zu. Die Perlfischer wurden streng bewacht. Wächter liefen täglich an den Ufern entlang. Wer des Diebstahles überführt wurde, der konnte damit rechnen, dass man ihm die Hand abschlug.

Matthies und sie hatten nun ein aufregendes Geheimnis. Die Gefahr der Entdeckung machte ihre Liebe umso kostbarer. Alina ließ die Körnchen in einer Schachtel aus Birkenrinde verschwinden.

Der Herbst kam und mit ihm begann die Jagdsaison. Die Bauern klagten. Ein jeder hatte Hand und Spanndienste zu leisten, um das von den Fürstensöhnen erlegte Wildbret zum Schloss zu fahren. Alinas Vater stellte mehrmals sein Fuhrwerk. Der jüngste Sohn des Herzogs, Prinz Lüder, bestimmte den Hof von Alinas Familie zum Dreh- und Angelpunkt für seine Jagdausflüge. Hier wurden die Pferde getränkt, hier wärmte man sich an Mutter Bornemanns Herdstelle auf. Allerdings war Prinz Lüder ein angenehmer Gast. Er und sein Gefolge benahmen sich anständig, sie waren freundlich und großzügig. In bester Stimmung war der Prinz, wenn Jungfer Lina die Speisen auftrug.

Doch der Hof stand nicht mehr gut da. Der Bauer hatte schon Alinas jüngeren Schwestern die Hochzeit ausgerichtet. Er hatte seinen Bruder ausgezahlt. Die letzte Ernte war nur mäßig gewesen und an eine anständige Aussteuer für Alina mochte er gar nicht denken. So kam Bornemann die herzogliche Aufmerksamkeit nicht ganz ungelegen.

Tatsächlich sprach Prinz Lüder gegen Weihnachten bei ihm vor. Er sei der jüngste unter den herzoglichen Brüdern und die Aufgabe, die Dynastie zu erhalten, käme allein dem ältesten zu. Sollte er, Lüder, unter seinem Stand heiraten, würde seine Familie ein Auge zudrücken. Im Falle ihrer Hochzeit würde Lina Herrin auf einem großen Gutshof werden. Und ja, selbstverständlich würde man Bauer Bornemann auf ewig den Zehnten erlassen.

Prächtige Aussichten! Bornemann blähte sich vor Stolz. Alinas Mutter war skeptisch: »Mein liebes Töchterchen, Männer sind ein wankelmütiges Pack. Ihre Liebe verdampft schneller als der Rauch aus Vaters Pfeife. Prinzen bilden da keine Ausnahme!«

Alina selbst war verzweifelt. Sicher, Prinz Lüder war nett. Er war ein tollkühner Reiter, ein großartiger Jäger und er war immer zu Späßen aufgelegt. Er liebte sie offenbar aufrichtig und er war gewiss nicht adelsstolz. Aber das Pfand? Matthies Frerk rackerte für ihr gemeinsames Glück.

So, Punkt! Bornemann sprach ein Machtwort. Ein Bauer hatte sich dem herzoglichen Wunsch nicht zu widersetzen. Es gab ja auch Schlimmeres als Gutsherrin zu werden.

Die Perlen wollte Matthies nicht zurück. Er fügte sich dem Unvermeidlichen. Alina gab dem Verlangen nach, die Perlen für eine kostbare Handarbeit zu verwenden. Sie nähte zwei in ihr Stickmustertuch ein, die beiden anderen verwahrte sie. Wäsche war Weiberkram. Lüder käme nie auf die Idee, ihre Truhen zu inspizieren. Sie hatte das große Los gezogen. Das Gut war ein behagliches Zuhause, den Eltern war geholfen und ihr Ehemann war stets aufmerksam und fröhlich. Doch oft war Alina in gedrückter Stimmung. Erst recht, als sie nach drei Jahren die Eltern besuchte und die Dorfneuigkeiten hörte. Auch Matthies hatte geheiratet und war Vater einer kleinen Tochter geworden. Lüder und sie hatten bisher vergeblich ein Kind herbeigesehnt.

Eines Tages erlitt der Prinz einen tödlichen Reitunfall. Durch seinen Tod hatte Alina den besten Freund und Vertrauten der letzten Jahre verloren. Ihr einziger Trost blieben die Besuche bei ihren Eltern. Es kam ein harter, schneereicher Winter. Monatelang waren alle Wege unpassierbar. Mit den ersten Frühlingsboten machte sich Alina auf in ihr Heimatdorf. Sie machte Rast am Bootssteg und die Erinnerung schnürte ihr die Kehle zu. Sie spazierte am Ufer entlang und kam an ein Gehöft. Dort erkundigte sie sich nach Matthies Frerk und seiner Familie.

Die Magd seufzte: »Ach, der Matthies ist im Winter bei Dunkelheit in eine Schneewehe geraten und vom Wege abgekommen. Man fand ihn mit dem Kopf voran in der Lutter. Niemand weiß, ob er erfroren oder ertrunken ist. Die arme junge Frau ist mit dem Töchterchen nun ganz allein auf der Welt. Im Hause Frerk herrscht große Not.«

Das Leben einer Gutsherrin bereitete Lina keine Freude mehr. Sie bat um einen Platz im Kloster. Das Gut wurde fortan von einem Verwalter bewirtschaftet, ausgenommen einiger Morgen Land, die sie dem Kloster überlassen musste. Die Haupteinkünfte aus dem Gut, so bestimmte Alina, sollten zunächst der Witwe von Matthies zukommen, und später sollte deren Tochter das ganze Gut erben. Der Kirche ihres

Heimatdorfes schenkte sie eine Altardecke, in die ein Baum eingearbeitet war. Ein Eisvogelpaar saß in den Ästen und die Augen der Vögel waren aufgenähte Flussperlen. Die wahre Bedeutung der Eisvögel blieb aber allen Menschen verborgen.

Dora erschrak, es war fast Mitternacht. Die Arbeit an jenem Stickmustertuch hatte sie selbst zu einem Teil der Geschichte gemacht. Sie fühlte sich der Alina Bornemann eng verbunden.

Dora löschte das Licht. Wie in Trance verschloss sie die Werkstatt.

Tanz im Kreienmoor

Die Türglocke schrillte. Bürgermeister Farnhagen betrat mit dem Jagdpächter und dem Verkehrsminister Marthas Dorfladen. Sie planten Proviant für eine Ortsbegehung einzukaufen. Der Laden sah noch aus wie zu Zeiten von Marthas Urgroßvater. Der abgeschrammelte Eichentresen, die deckenhohen Regale mit Einschüben und Glasschütten, neben der Kasse Bonbongläser mit gedrehten Zuckerstangen, Lakritz und Himbeerdrops. Der Duft von Bohnerwachs und Kernseife ließ Farnhagens Nasenflügel beben. Mhhhm-hö! Was noch? Sauerkrautaroma, frisch gemahlene Kaffeebohnen?

Am Fenster stand dieser kleine, runde Tisch. Heute saßen dort Altenteiler Johann Trinkaus, ein weiterer Greis und Tante Erna. Wessen Tante auch immer die sein mochte, der Bürgermeister hatte es noch nicht herausgefunden. Er selbst stammte nicht aus Nest im Winkel, war überhaupt erst seit kurzem hier. Mit der Gemeinde hatte er Großes vor, mit seinem Leben sowieso.

Farnhagen begrüßte alle Anwesenden überschwänglich und stellte seine Begleiter vor: den Verkehrsminister und den Jagdpächter Wolltrop. Und ja, sie würden sich heute den Standort für die geplante Autobahnraststätte ansehen, hinten im Wald. Ortsbegehung, hahaha.

»Bürgermester! Dat brug wie nich! Nie nich, hörste? LKW – Parkplätze, fiefhunnert Moagn Land för de Raststätt. Abzweig Hamburg – Harmsdüddelütt, Autobahnzubringer hin oder her. Nur 'n betten Ruhe in Dörpe, dat is allens, wat wi wulln!«

Martha beschwichtigte: »Lass sein, Johann! Die Herren machen nur ihre Arbeit. Außerdem hab ich heut Geburtstag. Herr Bürgermeister, Herr Minister, ein Schlückchen Kaffee und ein Stück Butterkuchen geb ich aus. Kleine Stärkung vor ihrer Wanderung.«

Aus der Ecke rief Tante Erna: »Martha, du hast doch gar nicht Geb…«, da zischelte der Greis: »Schweig doch still, alte Vettel!«

Aber die hohen Herren hatten sie nicht gehört, sie besprachen die Route ihrer Wandertour. Als Martha den Kaffee ausschenkte, flüsterte Johann: »Haste den Kerls ok watt tom Verpütschern in Kaffe moakt?«

Tante Erna piekte ihm mit ihrem Gehstock an das Schienbein. Martha klappte ein Augenlid zu, wieder auf, zu. Unmerklich zuckten ihre Mundwinkel.

Tante Erna schaute sinnierend aus dem Fenster: »Is büschen diesig buten. Da danzt wedder de Moorhex, da kumm de Wiedergängers.«

»Erna, hör auf mit dem Dorfschnack, das interessiert den Herrn Minister doch nicht!«

»Aber doch, Herr Bürgermeister, viele Wanderer haben unsere Wiedergänger schon gesehen. Im 18. Jahrhundert ist ein Edelmann samt Hühnerhund im Moor verschwunden. Er hatte in der Wulfloher Heide einen Wilddieb erschossen. Jahre später war es der Vikar, der hatte in den Klingelbeutel gegriffen und sich selbst bereichert. Auch der ist im Moor versunken.«

Der Greis wusste noch: »Nicht zu vergessen, die Rothaarige aus der Stadt, die mit den Knopfstiefeletten. War mit dem Sohn des Ex-Bürgermeisters liiert. Der hat sie auf dem Dorftanz betrogen, da ist sie vor Kummer ins Moor gegangen. In ihrem Abschiedsbrief stand, sie würde bis in alle Ewigkeit barfuß auf der Moorwiese tanzen. Immer zur Wollgrasblüte. Wir haben sie doch alle schon gesehen, Herr Bürgermeister!«

Man wollte die Leute nicht verprellen, aber der Minister hatte Termindruck. Die Herren Amtsträger brachen auf. Als sie den Hochwald erreichten meinte

Jagdpächter Wolltrop, es werde wohl nicht einfach mit den Naturschützern. Hier im Moor gäbe es Sonnentau und dort, auf dem Magerrasen, eine seltene Orchideenart. Man müsse für die geplante Autobahnraststätte ja den Sumpf trockenlegen. Das war Privatwald hier, wollte man die Landwirte denn enteignen?

Farnhagen wollte sagen: »Jeder ist käuflich!«, da hastete ein Mann mit Stulpenstiefeln an ihm vorbei. Die Reiherfeder auf seinem Hut wippte, darunter lugte ein Zopf hervor. Ein Jagdhund sprang mit flappenden Ohren hinterdrein. Farnhagen grüßte automatisch, wollte den Menschen noch auf seine originelle Kleidung hin ansprechen, da war jener bereits davon. Kaum hundert Meter weiter huckte ein dürrer Kerl über die Bülten. Seine Talarzipfel flatterten im Winde. Dem Bürgermeister blieb sein »Gott zum Gruße!« fast im Halse stecken. Er wandte sich an den Minister: »Haben Sie diese Gestalten gesehen?«

»Welche Gestalten? Hier war niemand.«

Mhm, dachte Farnhagen, dann war es wohl eine Sinnestäuschung. Eine Weile schritten sie schweigend hintereinander auf dem Pfad. Plötzlich rief der Minister: »Wo ist der Jagdpächter hin? Sind Sie sicher, Sie finden den Weg ohne ihn?«

»Dieser pflichtvergessene Banause. Aber keine Sorge, Herr Minister, gleich kommt der siebenarmige Wegweiser. Verlaufen werden wir uns auch ohne Wolltrop nicht.«

Triumphierend riss der Bürgermeister im Drehen die Arme hoch, aber da war weit und breit kein Minister.

Er rief, suchte, rief, kam zwanzigmal an denselben Abzweig, fand keinen Wolltrop, keinen Minister, nicht mal einen Wegweiser.

Aber plötzlich fand er diese Schuhe. Knopfstiefeletten. Am Rande der Moorwiese standen sie. Sie standen unter der Birke, frisch gefettet, gut gewienert, völlig intakt.

Nebelschwaden standen über den nickenden Wollgrasköpfchen. Vernahm er nicht ein sirrendes Juchzen, eine Melodie, so schaurig, so schön? Und küselte da nicht ein schemenhaftes Licht, tanzte es nicht geradezu über den Sümpfen?

Der Bürgermeister stolperte, drehte sich mit rudernden Armen um die eigene Achse. Seine Jacke zerriss an einem Dornbusch. Seine Füße steckten im Matsch. Jeder Tritt machte ein schmatzendes Geräusch. Der Jagdpächter und der Minister? Sie waren fort. Farnhagen eilte zurück ins Dorf. Rüttelte an der Ladentür. Martha machte bereits den abendlichen Kassensturz, hatte schon zugesperrt. Für ihn kam sie zur Tür.

»Martha, Martha, sind der Minister und der Herr Wolltrop schon zurück? Wenn nicht, brauch ich einen Suchtrupp, sofort!«

»Moment, was für'n Minister und wieso Wolltrop?«

»Ich war doch heute Morgen hier mit den beiden. Du hast sie doch gesehen. Wir haben doch bei dir Kaffee getrunken, bevor wir in den Wald sind!?«

»Nee, Farnhagen, du warst ganz allein hier. Kein Minister. Was interessiert einen Minister unser lütjet Nest im Winkel. So, raus mit dir. Ich hab Feierabend.« Sie schob Farnhagen hinaus, ein letztes Mal bimmelte die Türglocke.

In der Hohen Heidmark

Der Geist vom Wenser Busch

Vor langer Zeit wurden die Steuern in Wietzendorf beim dafür zuständigen Steuereinnehmer Konrad Meyer bezahlt. Zum jährlichen Zahltag erschienen die Bauern persönlich bei ihm. Der letzte Zahlende an diesem Tag war der Kötner Diederk. Er holte die geforderten Geldstücke aus seinem Lederbeutel und legte sie auf den Tisch in der Amtsstube. Herr Meyer kontrollierte den Betrag und bestätigte ihn auf einem Schriftstück. Auch für seine eigene Buchhaltung machte er einen Eintrag. Das Geld wurde in die Tischlade gelegt, welche nun reichlich gefüllt war. Am Abend stellte der Steuereinnehmer zufrieden fest, dass alle Bauern bezahlt hatten und dass seine Buchführung auf den Groschen genau stimmte. Das Geld und die Abrechnung wurden in einer großen Ledertasche verstaut, die hernach in dem mächtigen Eichenschrank eingeschlossen wurde. Den Schlüssel steckte er in seine Jackentasche und dann legte er sich schlafen.

Am nächsten Tag stand der Gang zum Amtshaus in Fallingbostel an, dort musste das Steuergeld eingezahlt werden. Konrad Meyer schloss die schwere Schranktüre auf und holte die Geldtasche heraus. Natürlich zählte er das Geld noch einmal nach, und wie nicht anders zu erwarten war, stimmte der Betrag.

»Du kannst stolz auf dich sein Konrad, das hast du wieder bestens erledigt«, sagte er zu sich selbst.

Er hängte sich die Tasche über die Schulter, nahm seinen derben Eichenstock und machte sich wohlgemut auf die Wanderschaft. So früh am Morgen war es noch nebelig, aber es versprach ein schöner Sommertag zu werden. Mit forschem Gang erreichte Herr Meyer nach über einer Stunde den Wenser Busch. Hier folgte der einsame Wanderer einem Waldweg, welcher von Büschen gesäumt war.

Plötzlich sah er einen Geist auf seinem Pfad. Da der Amtmann seitwärts nicht fliehen konnte, fasste er seinen ganzen Mut zusammen und sagte mit kräftiger Stimme: »Alle guten Geister loben Gott.«

Der Geist entgegnete: »Das tue ich auch.«

Hernach erzählte dieser, dass er keine Ruhe finden könne, weil er zu Lebzeiten eine Vormundschaft nicht ordnungsgemäß erfüllt hatte.

»Bitte bringe meine Angelegenheit im Amtshaus Fallingbostel ins Reine«, sprach der Geist.

Um dem Wesen schnellstmöglich zu entkommen, willigte Herr Meyer ein. Das gegebene Wort wollte der Geist allerdings durch einen Handschlag bekräftigt wissen.

»Konrad, sei achtsam«, dachte sich der Wietzendorfer. Statt seiner Hand reichte er das kräftige Handstück des Wanderstocks.

Schnell dahin, schnell davon, der Geist war verschwunden. Konrad Meyer atmete tief durch, war alles nur ein Traum gewesen? Nein das war es nicht. Sein Handstock zeigte drei Fingerspuren, fest eingebrannt ins Holz. Seine Beine bewegten sich nun um ein Vielfaches schneller voran und mit einem hochroten Kopf kam er in Fallingbostel an. Die dortigen Amtsmänner erkannten sofort, dass dem Wietzendorfer etwas widerfahren sein musste.

Als sich Herr Meyer erholt hatte, erzählte er von seinem Erlebnis mit dem Geist. Er schaute in ungläubige Gesichter. Als er aber den Stock mit den Brandmalen zeigte, herrschte betroffenes Erstaunen. Dieses Zeugnis reichte nun aber aus, um die Vormundschaftssache des Geistes in Ordnung zu bringen.

Der Wanderstock verblieb viele Jahre als Beweismittel, aber auch als Sehenswürdigkeit im Amtshaus Fallingbostel. Er wurde leider bei einem Brand im Gebäude vernichtet. Die Geschichte vom Wietzendorfer Steuereinnehmer Konrad Meyer hatte man sich noch viele Jahre lang erzählt. Der Geist aber wurde nie wiedergesehen.

Nahe der Ortschaft Vierde bei Fallingbostel gab es einst einen sagenumwobenen Steilhang. Der Hexenberg ist nicht mehr genau zu lokalisieren, denn ab 1960 ist der Berg durch Kiesabbau der Baggerschaufel zum Opfer gefallen. Doch in den vergangenen Jahrhunderten erschienen den Menschen die Hänge und das Tal der Böhme sehr geheimnisvoll.

Der Hexenberg

Man erzählte in der Gegend von einer Alten, die wohne im Papenhus und sei gewiss eine Hexe. Irgendwann starb das Weiblein eines natürlichen Todes. Die Leute wollten sie auf dem Berg beerdigen. Man lud ihren Sarg auf einen Wagen. Die Pferde legten sich ins Geschirr, sie schleppten und schwitzten, die Last war gar zu schwer. Oben am Steilhang rumpelte es gewaltig in der Kiste.

Krachend öffnete sich der Sarg und ihm entsprang eine Sau.

Güldenborn

Am Hexenberg gab es eine Quelle. Die Leute nannten sie Güldenborn.

Am Maientag zwischen zwölf Uhr und ein Uhr, so hieß es, sonne sich dort das Gold. Davon hörten zwei habgierige Wanderer. Zur rechten Stunde bewaffneten sie sich mit Harken und einem Sack und liefen los.

Tatsächlich, es blinkerte und blitzte an der Quelle, dass ihnen die Augen wehtaten! Schon spurtete der Erste los: »Wie sich das Gold sonnt, sonn ich mich in Reichtum!« Er harkte zusammen, was er konnte, doch waren es sprühende Funken.

Oh, wie hat er sich verbrannt!

»Feuer, Feuer!«, schrie er und ward nicht mehr gesehen.

Dübelsgrund und Stuckbergsgrund

Kommt jemand durch die Heidetäler, taucht ein in den Dübelsgrund, dann mag ihm wohl bange werden. Da unten springt ein riesiger, schwarzer Hund neben ihm her. Klimmt der Wanderer hinauf in das Rot und Braun der Heide, verschwindet der Hund, nur um am Fuße des Stuckbergs wieder den Trabanten zu geben. Er hechelt voran, trabt nebenher, bis der Grund durchlaufen ist. Steigt der Wanderer abermals aus dem Tale auf, trinkt Heideduft und Himmelsblau, ist der Hund verschwunden.

Aberglaube, Hexen und Heiler

Der Aberglaube spielte noch lange nach der Christianisierung eine große Rolle in der Lüneburger Heide.

Gab eine Kuh keine Milch, sollte man sie durch das Astloch eines Fuhrenbrettes melken.

Klappte das Kalben nicht, ließ man die Kuh besprechen.

Hatte eine Kuh Madenwürmer, dann schnitt man über ihrer Schwanzwurzel ein Kreuz ein und bestreute dieses mit Pfeffer.

Die Hirtenkeule durfte nur aus dem heiligen Eichbaum oder aus Eschenholz sein.

So, wie man an Hexen, Elfen und Zwerge glaubte, so hatte man einen Klagebaum, dem man ein frommes Sprüchlein aufsagte, um etwa ein Kind vom Fieber zu befreien.

Die Spinnstube durfte niemals in den zwölf Raunächten, zwischen Weihnachten und dem 6. Januar stattfinden. Man sagte, Frau Holle fahre dann durch die Luft.

Ging es um existenzielle Nöte wie Krankheit und Tod, Missernte, Hunger oder verschmähte Liebe, so zählte man auf Zauberkraft und Magie.

Kam ein Schäfer mit seinen Heilmethoden durch, so mochte es einer Kräuterfrau schlecht ergehen, sollte die Behandlung fehlschlagen. Die Gänsemutter oder Schweinehirtin, man nannte sie die Sweensche, fand unter dem Gesträuch heilende Pflanzen.

Das Wort Hexe kommt von Hagesusse, der Heckensitzerin. Der Kirche kam der Hexenglaube ganz gelegen. Selbstbewusste Frauen waren den Kirchenmännern suspekt. Man schätzt, etwa 80.000 Männer und Frauen sind dem Hexenwahn zum Opfer gefallen.

Im 16. Jahrhundert wurden in Ahnsbeck gleich fünf Frauen der Hexerei bezichtigt.

Metke Musmann war Hirtin, die Sweensche, und sie wurde nicht nur im eigenen Dorf als eine weise Frau und große Heilerin verehrt. Doch einmal starb ihr jemand nach einem von ihr verordneten Moorbad und einem Trunk warmen Bieres. Damit war Metkes Schicksal besiegelt. Unter der schlimmsten Tortur verwirrte sich ihr Geist. Sie gestand alles, was ihre Peiniger hören wollten. Sie denunzierte zugleich andere Frauen im Ort. Die alte Lüder'sche habe ihr einmal ein Puengeken (Prise oder Pfündchen?) zugesteckt. Sie könne davon etwas in einen Trunk mischen, falls ihr jemand was Böses wolle. Die Aussagen und Geständnisse der bezichtigten Frauen waren einander so ähnlich in Wortlaut und Tatbestand, dass es naheliegt, dass man ihnen die Antworten bereits in den Mund gelegt hatte.

Dreihundert Jahre später hatten derlei Tragödien ausgedient, man brachte Menschen mit einer besonderen Gabe Achtung entgegen.

Unter den Schäfern, die als Heilkundige unterwegs waren, ist besonders Schäfer Ast aus Radbruch in der Nordheide zu nennen. Ast reichte es, ein Büschel Nackenhaar seiner Patienten zu betrachten, um eine Diagnose zu stellen. In der Gewissheit bei Schäfer Ast Hilfe zu finden, reisten die Menschen aus Hamburg, Hannover, Lüneburg, ja sogar aus dem Harzvorland nach Radbruch.

Ein Naturphilosoph der besonderen Art war Arthur Joachim Hermes. Aufgewachsen ist er in Schmölau bei Bad Bodenteich. Auf dem Hof der Familie arbeitete er als Hirte. Man sagte ihm nach, er könne mit den Pflanzen sprechen und er sei in der Lage, seine Kühe durch Gedankenübertragung von der Weide zu holen.

Er diente im Ersten Weltkrieg, konnte danach nicht nach Schmölau zurückkehren, denn der Hof gehörte inzwischen zu einem militärischen Sperrgebiet.

Hermes wurde Kunsttherapeut, kam durch seine Frau in Berührung mit der Anthroposophie nach Rudolf Steiner. Arthur Hermes gelangte über Umwege in die Schweiz. Sein Wissen um Ackerbau und Viehzucht muss die Emmentaler Bauern sehr beeindruckt haben. Sie vermachten ihm einen Einödhof im Waadtländer Jura.

Raum Winsen, Celle, Fallingbostel

Vörlaat

Hinter einem Schleier verborgen liegt die Anderswelt. Der Vorhang hebt sich nicht während der höchsten Konzentration und Betriebsamkeit, sondern erst in einer Schaffenspause, im Zustand der Entspannung. Einige Menschen haben immer mal wieder eine Vorahnung, anderen widerfährt das nur ein einziges Mal in ihrem Leben. Wieviel Unerklärliches wurde von Generation zu Generation weitergetragen?

Vom Dreißigjährigen Krieg bis in das 18. Jahrhundert hinein gab es in Steinförde unverändert siebzehn Hofstellen. So hingen die Menschen mit jeder Faser ihres Herzens an ihrem Dorf. Niemand mochte sich eine Veränderung vorstellen.

Von Schäfer Runge erzählte man voller Ehrfurcht, er habe das Zweite Gesicht.

Einmal erschien ihm eine schreckliche Feuersbrunst. Das Flammenmeer reichte vom Punnershof bis heran zum Drömshof. Vor jenem Hof würde der Wind drehen und dem Feuer Einhalt gebieten, so sagte es Schaper Runge voraus. Tatsächlich ereignete sich wenig später ein Brand, der ganz so verlief. Die Dorfgemeinschaft war soeben vom Kirchgang zurück, da sahen sie die Rauchwolken über dem Dorf.

Lange bevor die Ölfunde und der Kalibergbau eine Rolle spielten, hatte Schaper Runge wieder ein Vörlaat. Die Bedeutung dahinter blieb ihm selbst das ganze Leben hindurch ein Rätsel. Es erschien ihm, als stünden lauter kleine Hütten in einer Reihe vor Wallmanns Immenzaun. Die wären für Hundehütten zu groß, für Bauernhäuser zu klein, so erzählte er jedem, der es hören wollte.

Nach Runges Tod entstanden zwei Neubaugebiete am Kalischacht. Erst die dritte Siedlung, man schrieb bereits das Jahr 1930, brachte den ältesten Menschen im Dorf Schaper Runges Gesicht in Erinnerung. Tatsächlich wurden die Siedlungshäuser von Neu-Wietze auf Steinförder Gemeindegrund gebaut. Eines sah aus wie das andere. Sie bildeten eine lange Reihe, exakt vor Wallmanns Immenzaun.

Im Jahre 1885 hatte ein Tischler aus einem Dorf bei Celle eine seltsame Erscheinung.

Er saß nach Feierabend auf der Gartenbank vor seiner Werkstatt. Letzte Sonnenstrahlen tauchten das Schweinebruch in goldenes Licht. Erlag er einer Sinnestäuschung? Da war doch ein Zug? Der fuhr hell erleuchtet von Ost nach West am Bruche entlang. Nach einigen Minuten verschwand der Zug. Nur Meiers Verwirrung, die blieb. Er wurde nicht müde, von diesem Erlebnis zu berichten!

Erst siebzehn Jahre später wurde die Bahnlinie Celle – Wittingen erschlossen. In Sichtweite zu Meiers Haus verläuft sie am Rande des Dorfes und direkt am Schweinebruch entlang.

Eine Geschichte aus der Fallingbosteler Heide ist uns leider nur durch mündliche Überlieferung bekannt und nicht mehr zu überprüfen. Lange bevor der Truppenübungsplatz Bergen realisiert wurde, hatte ein Bauer ein Vörlaat. Er war bei der Feldarbeit. Just, als er sich eine Verschnaufpause gönnte, sah er in der Ferne eine lange Reihe von Militärfahrzeugen, die über die Heide rollten. Mündungsfeuer aus Schusswaffen blitzte auf. Als er wieder zu sich kam, war da nur die Weite der Landschaft, leer und unberührt.

Worterklärungen

Die Hohe Heidmark – die Lüneburger Heide wird unterteilt in die Nordheide, die Südheide und die Fallingbostler Heide. Als Hohe Heidmark gilt der Bereich westlich von Bergen, zwischen dem Böhmetal und der Endmoräne am Falkenberg. 1935 / 36 wurde der Bereich durch die Wehrmacht großräumig entsiedelt und ist bis heute ein militärisches Sperrgebiet. Der Truppenübungsplatz Bergen gilt heute als der größte in Europa.

Allons! – na los, wird's bald!
Dat brug wi nich – das brauchen wir nicht
Dat is allens wat wi wulln – das ist alles was wir wollen
Dat mach woll ween – das kann wohl sein
Dat schoadt nix – Das kann nicht schaden
De Kattensteg – Der Katzenweg
Een Reep – ein Seil
Fiefhunnert Moagn – fünfhundert Morgen
Hagesusse – Heckensitzerin, Hexe
Hei döcht nix, is to nix to bruken – er taugt nichts, ist zu nichts zu gebrauchen

Ick heb keen Been – ich habe keine Beine, keine Knochen
Is büschen diesig buten – es ist etwas diesig draußen
Peerheier – Pferdeknecht
Pröven – Abgaben, dazu gehört auch der Zehnt
Runen – alte Schrift- und Symbolzeichen
Scheet dat Deiert dot – erschieß den Teufel
schnacken – miteinander erzählen, plaudern
Snakenkönig – Schnake
spintisieren – sich Dinge ausmalen, schwatzen, sich fantastische Geschichten erzählen
Spökenkieker – jemand der in die Zukunft schauen kann, oder der ein wenig spinnert ist
Sweensche – Schweinehirtin
Troll – Naturgeist, Waldmännlein, hier: Zauberer
Vörlaat oder das »Zweite Gesicht« haben – Vorhersehung
Wat tom Verpütschern – etwas Hochprozentiges
Wo schall dat ween? – wo soll das sein

Quellen

Alex, Werner: Die Ausspannwirtschaften in der Altstadt von Celle, Celle 1989

Blaurichter, Karl: Glaube, Spuk und Gestalten, Soltau 1952

Blazeck, Matthias: Ahnsbeck. Samtgemeinde Lachendorf, Groß Oesingen 2003

Borstelmann, Paul: Beiträge zur Geschichte der Gemeinde Wietze mit Steinförde, Hornbostel, Jeversen, Wieckenberg

Borstelmann, Paul: Dorfchronik Hambühren / Oldau, Herausgeber Paul Borstelmann unter Mitarbeit der Gemeinde Hambühren, Celle 1977

Chronik der Gemeinde Hambühren

Der Speicher, Heimatbuch für den Landkreis Celle, Celle 1930

Die Heidmark, Wikipedia, letzter Aufruf am 4.6.2021

Dietrichs, Ulf / Hinze, Christa: Sagen aus Niedersachsen, Augsburg 1998

Geschichtliches We(e)sen. Eine Chronik des Dorfes Weesen, Herausgeber: Walter Cohrs, Ursula Röttger, Ernst Hildebrandt, Gilching 2010

Hasselmann, Hanna: Die Oldauer Viehhirten

Heimatbund Schneverdingen: De Theeshof / Heimatblätter Nr. 6, Schneverdingen 1993

Heimatkalender, Jahrbuch für die Lüneburger Heide, Lachendorf 2018

Land und Leute, Monographien zur Erdkunde, Linde, R.: Die Lüneburger Heide, Bielefeld und Leipzig, 1911

Marquardt, Wilhelm: Von Riesen, Räubern und Hexen, Hamburg 2001

Meyer, Adolf: Ein Schafstall gab der Poststation den Namen, 1678 von Stecchinelli errichtet, Cellesche Zeitung, Sachsenspiegel, Celle 2008

Meyer, Adolf: Heimatkalender für die Lüneburger Heide 1986, Celle 1986

Oelfke, Wiki, Fandom: Die Heidmark – letzter Aufruf am 4.6.2021

Petschel, Günther: Sagen und Märchen aus der Lüneburger Heide, Husum 1999

Rickling, Matthias: Sagenhafte Lüneburger Heide, Erfurt 2019

Rohmeyer, Klaus / Oller Franz J.: Lüneburger Heide, München 1984

Sagen aus der Lüneburger Heide, zusammengestellt von Etta Bengen

Schulz , Heinrich: Chronik von Wilsede, Stuttgart – Hamburg 1967

Spuren & Zeichen, Menschen aus dem Celler Land erzählen und berichten, Das neue Heimatbuch, Herausgeber, Landkreis Celle und Sparkasse Celle, Celle 1991

Stadtarchiv Schneverdingen:
Zeitungswesen rund um Schneverdingen 01.01.0628
Schulchronik Zahrensen 01.01.1268
Sagensammlung 04.01.475

Stolzenau, Martin: Wenn der Arzt nicht weiterwusste … Aberglaube und Besprechen, Cellesche Zeitung, Sachsenspiegel, Celle 2016

Storl, Wolf – Dieter: Heilkräuter und Zauberpflanzen zwischen Haustür und Gartentor, Aarau und Baden 2004

Streifzug durch die Geschichte, Herausgeber Gemeinde Eschede

Verein Naturschutzpark e.V. Hamburg: Das Undeloher Dorfbuch, Hamburg 1967

Verkehrs- und Verschönerungsverein e.V. Winsen/Aller: Winsen an der Aller, ca.1960

Von der Gemeinde Bispingen:
Karl Henninger: Niedersachsens Sagenborn, Hildesheim 1921
Heinrich Karstens: Niederdeutsche Sagen, Band II., Hannover 1964

Internet:
www.manfred-hiebl.de/genialogie-mittelalter/verschiedenes/lothar_3_von_supplinburg.html--

Ortsregister